U0630139

曾仕强◎著

仕强说领导的境界

圆通

北京联合出版公司
Beijing United Publishing Co.,Ltd.

图书在版编目（CIP）数据

圆通：曾仕强说领导的境界 / 曾仕强著 . — 北京：
北京联合出版公司 , 2022.5（2024.3重印）
    ISBN 978-7-5596-5953-8

    Ⅰ.①圆… Ⅱ.①曾… Ⅲ.①领导学—通俗读物
Ⅳ.① C933-49

    中国版本图书馆 CIP 数据核字 (2022) 第 023767 号

圆通：曾仕强说领导的境界

作　　者：曾仕强
出 品 人：赵红仕
选题策划：北京时代光华图书有限公司
责任编辑：管　文
特约编辑：卢倩倩
封面设计：柏拉图

北京联合出版公司出版
（北京市西城区德外大街83号楼9层　　　100088 ）
北京时代光华图书有限公司发行
文畅阁印刷有限公司印刷　　新华书店经销
字数156千字　　787毫米 ×1092毫米　　1/16　　13印张
2022 年 5 月第 1 版　　2024 年 3 月第 4 次印刷
ISBN　978-7-5596-5953-8
定价：68.00 元

西方人的管理，科技面重于人性面，比较偏重制度化、科学化。中国人的管理，可以说人性面重于科技面，更加重视人性化、艺术化。特别是领导，似乎非以人为重不可。

圆通的领导，是真正的中国领导艺术，也是有效的中国领导功夫。不论身份、职位如何，若是不够圆通，领导起来就会吃力不讨好。职位愈高，实际上愈需要讲求圆通，才不致苦口婆心却乏人理会，显得自己软弱无能。

领导必须实际有效，快速动员。所以，圆通的境界，值得追求。也唯有圆通，才能够顺利化解领导的难题。

领导的难题，在两难：管也不是，不管也不是。

一味要管，必然专横霸道，大家敢怒不敢言，局面不可能持久；完全不管，就会一盘散沙，很快崩溃。

管到好像没有管一样，称为"不管之管"，这才是上乘功夫。老子和孔子两位大圣人，都以"无为"来勉励我们。可惜很多人看不懂，却要自作聪明，不断加以抨击，认为根本不可能无为而无不为，以致反过来强调有为，弄得自己精疲力竭，危害到宝贵的健康，还忙得头昏脑涨，导致失误连连却自以为救火有功。

"不管之管"，用通俗的话来说，便是圆通的领导。

我们先要明辨圆通和圆滑的区别。因为我们欢迎圆通，却非常厌恶圆滑。一旦令人产生圆滑的感觉，就会前功尽弃，从此丧失领导的功能。

圆通和圆滑，看起来只有一字之差，运用起来效果却有天壤之别。领导者千万不要把它当作文字游戏，或者嘴巴随便说说，应该用心把它分辨清楚。

中国人之所以很不容易领导，主要是因为中国人很难认输。只要有一口气，就谁也不服谁。高明的领导者最好让大家有面子地认为"我让给你"，而不是使大家没有面子地承认"我输给你"。只要领导者有赢的心态，大家就抱定"看你神气到何时"的心情，等着领导者输的那一天。

当我们接受强人领导时，大家衷心盼望，这位强者不要太强；当我们失去强人的时候，却又强烈期盼早日产生新的强人。这种矛盾心态，可以看出我们不欢迎不懂得推、拖、拉，弄得大家都没有面子的英雄性强人，却十分欢迎懂得推、拖、拉，使大家都有面子的集团性强人；不要大小事一把抓的英雄，却拥戴能够知人善任的安人领袖，让大家都有机会发挥潜力，全力以赴。

每当我们遭遇重大困难时，首先想到的，便是巩固领导中心。因为集团性强人所依赖的集团，也就是我们十分熟悉的班底，必须紧紧地团结起来，把领导者拱得牢固稳健，才能够号召群众，大家同舟共济。

巩固领导中心，并不是紧急时呼喊就能奏效的。必须平日多多用心，关心大家，使大家产生同心、增强信心、坚定决心、自愿交心，这样才能够彼此呼应，汇集成一股强大的力量，使领导中心真正巩固起来。

平日知心、交心、连心、绑心，就必须对心多加研究，多加练习。心不是心脏，而是看不见的能量和频率。如何寻找频率相近的志同道合人士，是知心的表现。以诚恳的态度、真诚的心情来感应这些志同道合的同志，即为交心。若是这些志同道合的同志也愿意交心，彼此就能够连心，产生十分灵光的默契。经过一段时间的考验，证明得以持久联结，当然就是绑心。

这些无形的互动，需要一些配套动作。在做人方面，以圆满的沟通、合理的激励和有效的服务为主；在做事方面，则以未雨绸缪的计划、权宜应变的执行及综合考量的评审为主。各种配套动作必须兼顾并重，才能确保圆通的领导。

欢迎各界先进朋友，不吝赐教，幸甚！

曾仕强

谨识于兴国管理学院

前言

　　中国人喜欢圆通的领导，因为我们善于推、拖、拉。中国人喜欢推、拖、拉，这是大家熟悉的现象。中国人为什么推、拖、拉？这是大家很容易误解的道理。

　　请问，中国人真的喜欢推、拖、拉吗？认真思索起来，我们似乎很不喜欢推、拖、拉，看到大家一味推来推去，总有一种说不出来的厌恶。

　　然而，中国人真的不喜欢推、拖、拉吗？仔细想一想，我们真的有一些喜欢推、拖、拉，因为一旦有人不推、不拖、不拉，似乎又有一种说不出来的惆怅。

　　老实讲，中国人不推、不拖、不拉，是不行的，会招致人家的反感。中国人过分推、拖、拉，也是不行的，会惹来一大堆恶意的批评。

　　人家请我喝茶，我丝毫不推，伸手就要接受。万一对方只有一杯茶，正好他自己口渴得很，只是稍微尊重我一下，我便不客气地伸手接过来，这样合理吗？是不是有一些不令人尊重的地方？也就显得自己很不讲理。下一回，他因为只有一杯茶，端起来就喝，请都不请我一下，我又会有什么感想呢？会不会产生"怕什么？礼貌上招呼我一下都不敢？放心，我不会那么不讲理，一请就要"的不愉快感觉呢？

人家请我喝茶，我推来推去，始终不肯接受。如果对方茶水准备得相当充分，心里便觉得奇怪："茶都不敢喝，是不是害怕有毒？"既然茶都不敢喝，我们还称得上朋友吗？下一回，他根本不准备茶水。我坐了半天，对方茶都不端一杯，我心里也不免纳闷："难道这是他的待客之道？还是故意对我表示冷漠？"特别是前几次来，起码有白开水喝，这次问都不问一下，一杯水都没有，更容易令人起疑。既然如此，我可以继续把他当作朋友吗？

看起来，中国人十分多疑，很难服侍。实际上，中国人脑筋灵活，反应快速，自然有这些捉摸不定的念头。

于是，虽然我总共只有一杯茶，自己又口渴得很，我也不必目中无人，拿起来就喝，而是稍微表示尊重他一下，端起茶来朝他伸出去："请。"相信他是个明理的中国人，必定会推说："不要客气。"这样彼此都有面子，气氛自然和谐。

推的时候，要赶快利用时间，好好斟酌一下："我到底该不该要？"不应该要的时候，当然不可以接受；应该要的时候，就要适当地接受，不要再推。有人只看到中国人嘴巴"推"说"不要"，实际上却表现出伸手"要"了，便认为中国人"圆滑"。由于中国人常常推、拖、拉，就认定中国人只要圆滑一些，事情便好办得多。

其实，中国人最讨厌圆滑。任何人只要给人家一种圆滑的感觉，这个人的前途必然十分有限，不可能有什么成就。

表面上看起来，圆通和圆滑长得一模一样，两者都是不断地推、拖、拉，但是结果完全不同。我们可以这样说：推、拖、拉到没有解决问题，叫作圆滑；推、拖、拉到最后把问题圆满化解掉，便称为圆通。

任何人想以推、拖、拉来推卸责任，已经是圆滑。若是利用推、拖、拉这短暂的时间来充分思考，寻找合理有效的化解方案，那就是受人欢迎的圆通。

为什么需要推、拖、拉呢？主要有三大理由。

第一，不推、不拖、不拉，就根本没有思虑的时间，立即反应的结果相当于押宝。万一押错了，如何得了？人不是神仙，不可能一出手就对。最好稍微推、拖、拉一下，争取短暂的思考时间，想好了再动作，比较有把握。若是不推、不拖、不拉，只是静静地沉思，恐怕气氛太严肃，也令人承受不了。

第二，中国人的矛盾性格，使得能力强而又率先施展出来的人，容易招致众人的妒忌和破坏，以致成为众矢之的而有志难伸。能力强的人，必须懂得"藏器于身，待时而动"的道理。凡事先推、拖、拉一番，表示礼让，然后在众人推举下，当仁不让。推、拖、拉不一定推给别人，也不一定推给自己，推来推去，推给最合理的人。大家都有面子，才不致引起嫉妒和破坏。

第三，有效的管理，必须讲求省力化，稍具物理常识的人都知道推、拖、拉最为省力，同时也最没有压力。大家都轻松地推、拖、拉，把事情做好，岂非十分愉快？圆通的领导，必须具有高强的能力，同时熟练推、拖、拉的功夫，不会自我表现得让下属没有面子。同样，下属表现的时候，也会顾及领导的自尊。有人说面子害死了许多中国人，但是弄得大家都没有面子，又算得了什么高明的领导？

用推、拖、拉来解决问题，称为化解。功力高的领导者，可以做到完全没有后遗症。不像一般人那样，不推、不拖、不拉，问题是解决了，却引发出更多的问题。谁来收拾这些后遗症，还不是领导者自作自受。

中国人真正欢迎的，是圆通，绝对不是圆滑。我们只有"圆通寺"，哪里都不曾出现过"圆滑寺"，便是最好的证明。中国人一看到"圆滑寺"，必然退避不敢进入。只有"圆通寺"，我们才会不辞长途跋涉，前去参拜。

圆通和圆滑的差别，真是微乎其微，所以很容易产生混淆不清的判断。圆滑是推、拖、拉，凡是一味推、拖、拉的人，我们都判定其为圆滑，令人讨厌。圆通也是推、拖、拉，不过只到合理的地步。凡是能够拿捏分寸，既不是不推、不拖、不拉，也不是一直推、拖、拉，却能够推、拖、拉到合理的程度，就是圆通，既受人欢迎，也最有成功的可能。中国式领导，初看起来，根本就是互相推卸责任。领导发现过失，马上推给下属；下属遇到责任，立即推给领导。这种乱七八糟的情况，事实上只是中国式领导的表面现象。

领导如果仅仅想到推、拖、拉，就会陷入圆滑的困境，因为下属也是中国人，同样深谙推、拖、拉的手法，于是彼此推来推去，成为典型的"和稀泥"，为害之烈，实在莫此为甚。但是，领导不推，一切责任自己负，下属觉得自己不必尽心，甚至认为有力无处使，终致袖手旁观。领导表演个人秀，并不是良好有效的领导。下属不推，有事抢着做，领导不断地"软土深掘"，加重其责任，一旦导致"英年早逝"，也不是好结局。

领导者推、拖、拉到合理的地步，被领导者也推、拖、拉到合理的程度，彼此配合，便成为"圆通的领导"，这才是中国人的艺术，不但高明，而且快捷有效。

中国人主张做人要外圆内方，做事讲求圆满而不失原则，在这种条件下，唯有圆通的领导，才能够方中求圆，既合乎人性的需求，又能产生宏大的效果。

当然，领导者普遍呈现无力感的主要原因，便是盲目依循西方的领导理论，想以西方的领导法则来领导中国人，必然无力而缺乏成效。

西方人佩服有能力的人，比较容易接受领导。中国人一方面看不起没有能力的人，另一方面又讨厌有能力的人，因此特别难以有效领导。

中国人不喜欢被管，却常常爱管别人。被管，就心存抗拒；管人，则沾沾自喜。如何在矛盾中取得统一？唯有圆通，才能解开这些纠结。

目录

01

领导比管理
更为重要

领导是发挥安人潜力的历程，

把修己安人的管理效果充分发挥出来，

才算是圆通的领导。

从这个角度来看，

领导比管理更为重要。

什么样的领导，

带出什么样的下属。

领导者必须先把自己的领导目标制定出来：

到底要带出什么样的下属，

自己才觉得满意。

管理比较偏重于制度面

管理是修己安人的历程，从修己到安人的相关活动，实际上都是管理的过程，环环相扣，彼此互相影响（如图1-1）。

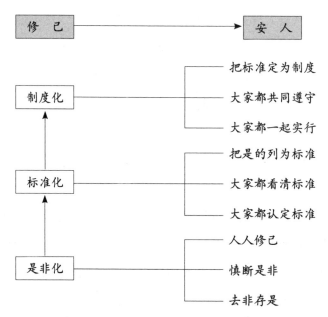

图1-1 管理是修己安人的历程

一般来说，管理的起点是修己。管理者先把自己修治好，做出良好的表率，以身作则，然后再寻求用人的效果。

管理的最高目标在用人，把人安顿好，让大家放心地好好做事。人不能安，事情必然做不好；少数人安，不如大家都安。所以，修己只算是独善其身，使众人安宁才称得上良好的管理。修己安人，成为管理者的共同信念。人人用心修己，大家互求安人，应该成为共识。

安人从慎断是非开始，把是的部分保留下来，去掉非的部分，使其成为标准，然后把标准明确定为制度，希望组织成员共同遵守实行。

管理必须制度化，没有制度的管理，算不上良好的管理；但制度化的管理，也不算是良好的管理。这是领导者必须深思的重要课题，不能不用心加以体会。因为制度化很好，过分制度化反而不好，若非经验丰富、体会深刻，实在很不容易了解。

制度容易僵化，缺乏权宜应变的空间。过分强调制度化，将组织的高、中、基层人员完全绑得死死的，动弹不得，当然不是好现象。

若是基层死守制度而高层却不必遵守制度，岂非"只许州官放火，不许百姓点灯"？必然不能令人心悦诚服。何况制度经常不切时宜，修订起来又费时费力，往往赶不上实际的需要。

如何使制度化为大家所欢迎，而且能够有效落实？有赖于圆通的领导。用人性面来弥补制度面的不足，应该是领导者必须用心的地方，也是圆通领导的精华所在。

领导是发挥安人潜力的历程，把修己安人的管理效果充分发挥出来，才算是圆通的领导。从这个角度来看，领导比管理更为重要，因为管理的效果能否宏大，完全看领导能不能达到圆通的地步，使大家尽心尽力（如图1-2）。

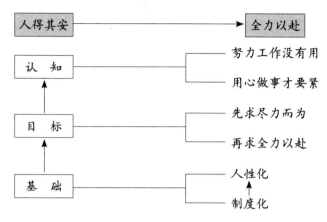

图 1-2 领导是发挥安人潜力的历程

一般而言，管理只能够使众人尽力而为，而领导却能够进一步促使大家全力以赴，也就是尽心尽力。

尽力而为和全力以赴的差别在于，前者十分努力，却未必用心；后者则除了十分努力外，还非常用心。

我们认为，努力工作没有用，用心做事才要紧。

努力工作，表示一切遵照规定，很容易不动脑筋，以致产生努力浪费资源、努力制造问题等偏差，使大家大伤脑筋，却找不到违反制度的缺失，从而加以有效处理。

用心做事，情况就完全不同。用心的人，自然会凡事动动脑筋，并且配合大家的需求，共同为安人着想，因此设身处地、将心比心，把事情做得十分圆满。

圆满的意思，是大家都慎断是非之外，同时还要顾及彼此的面子。

在圆满中分是非，才是人性化的表现。

领导者当然必须重视制度化，然而在制度许可的范围内，还有很多事情可以做。我们常说的衡情论理，其实就是人性化的调味，使制度的僵硬性获得一些滋润。做人最要紧的是人情，无论从事什么行业，总归离不开做人，因此也免不了人情。人而无情，纵使有再大的成就，也不过是短暂的收获，转眼成空，实在不值得。圆通的领导，其作为必然是合乎人性需求的。完全重视管理的领导，很不容易兼顾人情，很难达到这种圆通的地步。

小结

　　管理的最高目标，应该是安人。领导的功能，则在发挥安人的最大效果，不仅要把人安顿好，让大家放心地好好做事，还要更进一步，以心和心的感应，使大家乐于全力以赴，充分发挥潜力。

　　管理的效果，需要良好的领导来加以发挥，所以领导比管理更为重要。领导者在制度化管理之上，要加以人性化，才能更加贴近人心。

领导重视心与心的互通

　　领导必须通过别人的工作来达成组织的目标，是一种"个人或少数人对多数人或大多数人产生重大影响的感应"。因为被领导的对象是人而不是物，只能智取而不能力夺，所以心与心的互动，产生有效的感应，才是我们研究的重点。被领导者的心，直接影响到领导的效果。能遇还要能合，才能够紧密地团结在一起。

　　有机会在一起，却不能彼此交心、紧密地合作，便是遇而不能合，不如不遇。领导者与被领导者的遇合，固然有一拍即合，证明彼此频率相近，确属志同道合的；也有亲身体验之后，才发觉有缘无分，好比一盘散沙，很快就分道扬镳，各走各的路，不能交心的。

　　一般来说，领导者择人而用与被领导者择主而事的过程，都属于心与心的互动。要做出决断，关键在于：

　　知心。了解对方是不是自己所要用的人，或者自己所要追随的"明主"。换句话说，彼此能够聚合在一起，成为共同努力的伙伴，不但要知人，而且要进一步知心。

交心。领导者确信"得人者昌，失人者亡"的道理，重视人才。被领导者明白可事之主难遇，珍惜良机。两者互相尊重，遇而且能合，才能够慎重地交心。

连心。遇合如果出于一时的冲动，势必很快就会分离，两颗心不能够连接在一起。若是出自真诚，很快就会培养出高度的默契，而且愈密切，愈能连心。

绑心。心与心连起来，经得起各种严格苛刻的考验，持久不变，称为绑心。刘备与关羽、张飞桃园结义之后，心就紧密地绑在一起，至死不渝，可见绑心的可贵。

由知心到绑心，是一种心与心互通的过程（如图1-3）。

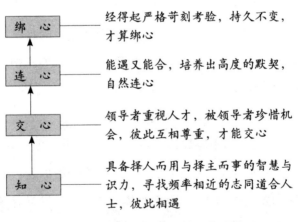

图1-3　领导是心与心互通的历程

领导的特性是无实体性的，一切以有形的制度和权力为手段的领导，随着历史的演变，都已经愈来愈丧失实用的效能。心与心的互动感应，基本上是看不见的，无法采用全盘量化来加以衡量（如图1-4）。

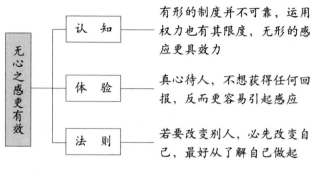

图1-4　无心之感更有效

　　领导者对被领导者，完全是真心相待，不想获得任何回报，不会发出"我对你这么好，你怎么可以这样对待我"的责难。只有给予，不求回报。这种无心之感，令人倍感亲切，反而能引起更多、更大的回应。

　　然而，基于利害关系的感，称为有心之感。领导者强调成功的可能性，以迷惑一般急于攀附的小人，结果造成遇不能合的残局，终究不是美满的结局。

　　作为一位领导者，最要紧的，便是谨记"若要改变他人，必先改变自己"的法则。并且自己要深信不疑，坚定实践。要改变自己，必须了解自己，也就是诚实地观察自我、充实自我。领导者的内在充实，不必多求表现，被领导者就会因为领导者内在的光明人格，产生自然而然的信赖感，自愿交心、连心，甚至坚定不移地绑心。

小结

　　努力工作没有用，用心做事才重要。这是稍微具有领导经验的人便能够体会的道理。要求下属用心，单凭制度不能奏效，必须通过以心感应的历程，从知心、交心、连心到绑心，一步步深入。

特别要注意的是无心之感更加有效。领导者必须以赤心待人，不企求获得任何回报，才更容易让下属产生感应，因而用心做事。基于利害关系的有心之感，反而不美满。

三种不同的领导风格

管理制度化，固然简便，却很难适应组织成员的个别差异。不得不忍痛将所有成员都看成"平均人"，大家都一样，弄得特殊人才难以发挥才干，而稍微落后的人也无法赶上。领导具有弹性，可以适应不同的人所产生的差异性。

我们都知道：什么样的领导者，带领什么样的被领导者；什么样的被领导者，拥戴什么样的领导者。大家都是自作自受，谁也怨不得谁，谁也不必责怪谁。

领导者的气度不同，就会带领出不一样的人才（如图1–5）。

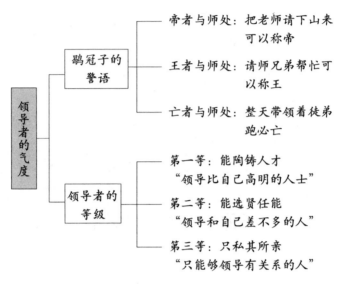

图 1-5　不同的领导气度

一流的领导者，会带领出比自己高明的人才（即"帝者与师处"的方式）。历史上脍炙人口的三顾茅庐，使当时具有经天纬地之才的卧龙先生诸葛亮，居然为命运多蹇、尚未找到安身之地的刘备所感动而出山相助。对刘备来说，等于把老师请来大力帮忙，当然能够成就一番大事业。

二流的领导者，请不动老师辈的人才，只能够带领师兄弟，大家一起打拼（即"王者与师处"的方式）。这样的组合，领导者很辛苦，被领导者也难以发挥潜力，彼此牵来扯去，顶多达成某种程度的事业，而且不可能维持长久。

三流的领导者，不但请不动老师，也请不动师兄弟，只能够带领自己的学生（即"亡者与师处"的方式）。这固然可以享受"有事弟子服其劳"的乐趣，却限于弟子的才能经验，很难做出重大的突破，不可能有什么成就，更谈不上持久。

"什么样的老板，必定带领什么样的伙计。"这句话不太好听，却值得每一位领导者自我反省。为什么总觉得自己在组织中永远是最高明的？难道组织中真的缺乏人才吗？还是被自己压制得动弹不得？

备受委屈、有才难展、有志不伸，固然是被领导者自作自受的结果，怨不得别人。但是，领导者带不出人才来，同样是自作自受，必须承受事必躬亲、无人分忧分劳的苦楚。把人才带出来，并且带出自己所期望的人才，实际上应该是领导者必须展现出来的领导才能。

领导者的自作自受，表现在自己不一样的领导风格。换句话说，领导者的处境，完全是领导者自己的领导风格造成的，必须由领导者自己负起完全的责任。

一般而言，领导者的风格大致可以分为三种（如图 1-6）。

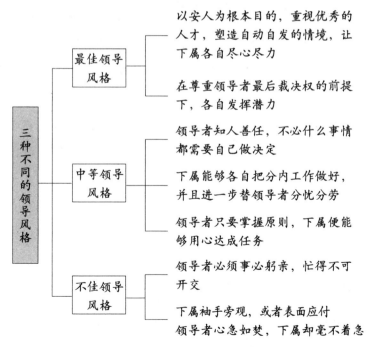

图 1-6 三种不同的领导风格

最愉快的处境，应该是下属各司其职，凡事做得很好，而且心中有领导者的存在，能够处处尊重领导者的立场，顾虑领导者的面子。换句话说，不需要领导者操心，大家就能够在充分尊重领导者最后裁决权的前提下，互相合作，达成预期的目标。领导者除了时常表示感谢之外，可以放心地"无为而治"。在这种处境下，真是夜里睡觉做梦都会笑，当然十分愉快。

中等的处境，应该是领导者只要掌握原则，下属便能够用心去达成目标，并且各自把分内工作做好之余，还能够进一步替领导者分忧分劳。换句话说，领导者不必什么事情都需要自己做决定，下属便知道各自分头寻找各种可行的方案，帮助领导者做好决策，然后又尽力去完成。领导者知人又善任，也相当愉快。

下等的处境，则是领导者不论愿意与否，都必须事必躬亲，十分辛苦忙碌；下属反而袖手旁观，冷眼看着领导者忙进忙出，或者表面应付，实际上十分马虎，弄得领导者急而下属一点儿也不急，当然不愉快。

上述这三种处境，表现出领导者不同的领导风格，却也将领导者自己带到不一样的身心状态。领导者必须自己衡量，想要过什么样的领导生活，而不是自己不改变，却又天天埋怨下属，徒然生气有何用！

🌀 小结

什么样的领导者，带出什么样的下属。领导者必须先把自己的领导目标制定出来：到底要带出什么样的下属，自己才觉得满意。看一看三种不同的领导风格，想一想自己要采取什么样的领导方式。

领导者究竟能带出什么样的人，事实上和自己的领导风格具有十分密切的关系。总之，一切都是自作自受，怨不得别人。

思考

1. 管理与领导是一回事吗?

_____

_____

_____

_____

2. 为什么说领导是心与心互相感应的历程?

_____

_____

_____

_____

3. 你属于哪种领导风格? 你认为怎样才能做到最佳的领导

风格?

_____

_____

_____

_____

02

领导的两难

作为领导，

必须把握的原则是：

应该管的，才管；

不该管的，不管。

作为领导，

应懂得深藏不露的艺术。

中国人的领导特性，

在于"以最不表现英雄性来领导一群英雄人物"。

到底是管还是不管

任何领导，如果什么都不管，或者什么都要管，便不算好领导。偏偏这两种情况，都很容易发生。我们时常感叹领导难为，实际上就是要么什么都管，弄得下属都怨；要么什么都不管，弄得下属都拧。最后造成这样一种两难：我管，你不高兴；不管，你也不高兴。那我该怎么办？

什么都管并不理想，因为领导绝大部分的精力会消耗在琐碎的事务上，无法集中精力做重要的工作；下属受到太多束缚，也很难发挥才能。什么都不管更是糟糕，因为领导不管，就已经是失责；下属看到领导这样自然马虎偷懒，使得整个组织暮气沉沉，什么事情都做不好。

作为领导，必须把握的原则是：应该管的，才管；不该管的，不管。最好能够管到好像没有管一样，这叫作"不管之管"。下属能做的，放手让他去发挥；不能做的，便要好好管他，使他照样能够把工作做好。

我们的主张，是按照中国人的思维方式，把"管"和"不管"合起来想，而不要分开来看。也就是说，不要想"管或不管的问题"。因为合起来想，很容易发觉"管或不管不是问题"，而"怎么管得合理才是问题"。只要搞清楚"怎么管才合理"，就用不着对着"到底是管还是不管"伤脑筋了（如图2-1）。

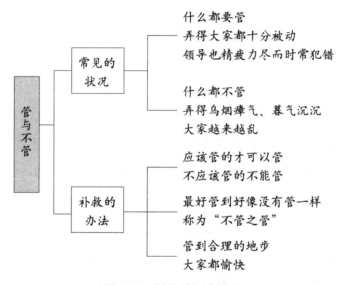

图 2-1　领导的两大难题

"管"或"不管"，已经掉入了二分法的陷阱，必须早日加以摆脱。领导者不可不管，也不可乱管；不能够爱管便管，不爱管就不管。

正确的态度应该是：应该管的时候，当然要管；不应该管的时候，就不能够管。这种管到合理的程度，称为合理的管，通常最受大家的欢迎。

管得合理的领导，当然是好领导。

中国人的领导难当，因为中国人具有一种相当特殊的"阴阳心态"：一方面看不起没有能力的领导，另一方面又讨厌有能力的领导。这两种心态，同时出现在同一个人的心中，就显得十分复杂而矛盾（如图2-2）。

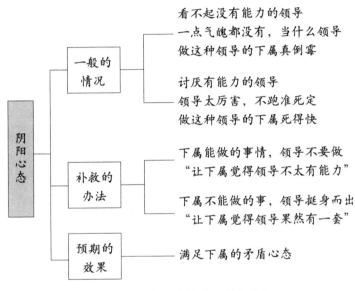

图2-2　中国人的"阴阳心态"

领导没有能力，下属一定看不起他，心想：没有能力当什么领导？不如让开，换我来当还好些。领导随便表现能力，也会令下属觉得讨厌，心想：既然你那么有能力，而且又喜欢表现，干脆让你去做好了。常见一些下属袖手旁观，对于领导的事必躬亲议论纷纷，便是明证。

要化解下属的矛盾心态，因应之道在于以下两点。

首先，凡是下属能做的工作，领导一律不要做。把成就感让给下属，等他做好了再来赞扬他、鼓励他。

其次，遇到下属不能做的事情，领导必须挺身而出，拿出主意来，让下属深深觉得自己的领导的确有"两把刷子"。

领导同样要把"有能力"和"没有能力"合起来想，不要分开来看。在中国社会，有能力不好，没有能力也不好。前者容易惹人注目，被当作靶子，有时候引起别人的嫉妒，也容易惹祸。后者大家都看不起，不把他放在眼里，这样当然不好受，更没有办法责怪别人。

我们既然不能改变下属的矛盾心态，便只好反过来调整自己的行为。凡事将心比心，先看看到底下属能不能做——下属能做的不要抢过来做，以免引起下属的不满；下属不能做的不要强迫他做，以免引起下属的不安。如此一来，下属能做的时候，不致觉得领导太有能力，弄得自己无事可做；下属不能做的时候，也不致认为领导和自己一样没有能力，还当什么领导。两方面兼顾，当然很好。

☁ 小结

作为领导，必须把握的原则是：应该管的，才管；不该管的，不管。凡事将心比心，先看看到底下属能不能做——下属能做的不要抢过来做，以免引起下属的不满；下属不能做的不要强迫他做，以免引起下属的不安。

如何做到深藏不露

把管和不管合起来想，就成为"不管之管"。

"不管之管"，其实就是深藏不露的具体表现。深藏不露乃是对有能力的领导说的，不是对没有能力的领导说的。领导必须具有相当的能力，才有资格讲求深藏不露。同时，中国人说深藏不露，目的是为了要露。只有站在不要露的立场来露，才不致乱露，才能够露得恰到好处。"我非常希望不露，能不露一定不露。但是，当我非露不可的时候，我只好露。我没有办法啊！我存心不露，现在是不得已才露。"这正是中国人高明的地方（如图 2-3）。

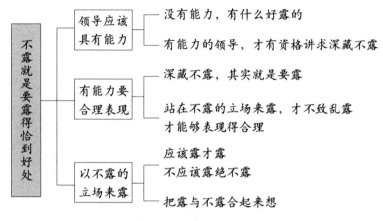

图2-3　领导要深藏不露

一个人过分表现，到最后没人会接受。领导一心一意求表现，下属就会把表现的机会让给他，因此不热心工作。作为领导，应懂得深藏不露的艺术，把表现的机会尽量让给下属，这样大家都做得很起劲，才显得群策群力，而不是领导在表演独角戏。领导死要出风头，最要不得。

我们把"露"和"不露"，按照中国人的思维方式，合起来想而不分开来看，露中含有不露的成分，而不露含有露的意思。

凡事先想不露。不露好不好？如果不露很好，请问为什么要露？若是不露不行，不露可能误事，不露不能解决问题，那么再来想露。怎么露才合理？想妥当了，就露。露到差不多（恰好）的地步，便应该打住。不可以一露就不停止，一路露下去，总有一天露光了，江郎才尽，不过让大家多一些嘲笑的话题而已，有何好处？

应该不应该，是考虑的重点。应该表现时，当仁不让，也要自己束缚，表现到合理的地步，便适可而止；不应该表现时，必须礼让为先，让给其他的人来表现。

中国人的领导特性，在于"以最不表现英雄性来领导一群英雄人物"（如图 2-4）。

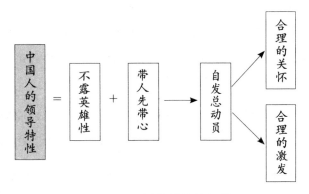

图 2-4　不露英雄性的领导

楚汉之争，项羽是英雄，却由于自我表现英雄性而带不住人，以致兵败而自刎。刘邦样样不如项羽，但是很能用人，所以赢得了最后的胜利。

要带人，先带他的心。攻心为上，乃是中国人的领导策略。西方人是"工作导向"，中国人则是"关怀导向"。运用合理的关怀，通过合理的激发，来促成全体成员的总动员，才是中国式领导的最高境界。

随着西风东渐，若干领导逐渐忘记此种特性，喜欢表现自己的英雄性，以致产生严重的无力感，不可不慎。中国人在紧急时期需要英雄，也会给予其很大的鼓舞。但是，我们并不崇拜英雄，不像西方人那般，折服在英雄的宝刀下，这是身为领导的人值得深思的课题。

假定刘邦和项羽一起参加竞选，相信选民会为项羽的长相所吸引，使其高票当选。但是就任以后，由于不能知人善任，导致行政失调，效果不佳，结果也是选民自作自受、自食其果。直接选举常常选出中上之才，却选不出上上之才，可能和选民的抉择能力有关。

基层员工由于和高层领导接触不多，往往为假象所蒙蔽。中层领导和高层领导接触密切，比较能够深刻体会，比基层员工更能了解高层领导的真正本事。由中层领导从事间接推举，比较有可能推出上乘人才。

中国人害怕权威，却不见得服从权威。具有英雄性的领导，往往只能够获得大家表面上的唯唯诺诺，未必能够赢得真心的拥戴，所以才会产生无力感。

小结

作为领导，应懂得深藏不露的艺术。应该表现时，当仁不让，也要自己束缚，表现到合理的地步，便适可而止；不应该表现时，必须礼让为先，让给其他的人来表现。中国人的领导特性，在于"以最不表现英雄性来领导一群英雄人物"。

采用有效的象棋模式

中国人下象棋，有的人车很厉害，有的人马、炮很厉害，有的人专门用兵。但是，从来没有人说他的老将最厉害。车、马、炮都可能厉害，也随时可能遇害。老将最不厉害，却总是能挨到最后，没有被吃掉。这些厉害的车、马、炮，都为最不厉害的老将而牺牲，到底谁厉害？当然是老将最厉害。

老将深藏不露，放手支持车、马、炮、卒去发挥各自的才能，做到总动员的地步，这是有效的领导。

如果老将自己喜欢表现，处处要显得自己最厉害，那么车、马、炮、卒便站在那里听命令，然后一个口令一个动作，弄得老将疲惫不堪，可能因此而减缩寿命。

象棋给我们的启示，便是领导不带英雄性，下属才会表现出各人的英雄性。领导的英雄性，很容易造成 one man show（一个人表演）的可怕局面：领导不露英雄性，才有总动员的可能。

如果把一个组织大略分成三个阶层：象棋的将、帅，可以代表高层领导，车、马、炮为中层领导，而兵、卒则代表基层员工。三阶层各有不同特性，必须互相配合，才能各自发挥所长而产生总动员的效果（如图2-5）。

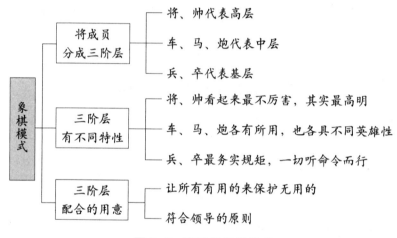

图2-5　有效的象棋模式

下象棋时到底是车、马、炮比较重要，还是兵或卒比较重要？这是一个相当关键性的问题。因为答案一呈现出来，我们便能够测出这位棋士棋艺的高低。回答"兵或卒比较重要"的人，大概棋艺较高，而回答"当然是车、马、炮比较重要"的人，很可能棋艺并不怎么样。只有象棋下得好的人，才有办法很快看出对手的高低。

若是对手棋艺很高，马上改变策略，采取车拼车、马拼马、炮拼炮的方式，来代替吃掉对方车、马、炮的思路。拼到最后，双方车、马、炮都不见了，拥有兵或卒的人当然获得胜算。所以，善于领导的人，会直接亲近基层，这比依赖中层更加可靠。

　　中国人很喜欢《西游记》《水浒传》《三国演义》，这三部著作具有同样的启示（如图 2-6），对中国人的领导有十分重大而深远的影响。

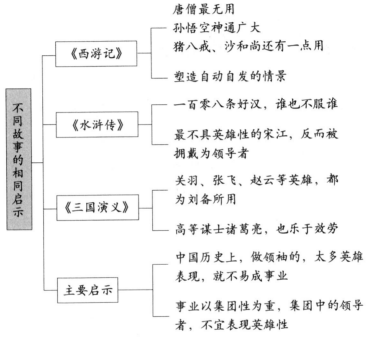

图 2-6　三部著作的重大启示

　　《西游记》中以孙悟空最具英雄性，所以不让他当首领。唐僧经常被妖魔鬼怪抓去，要煮要杀，一点儿不具英雄性，却让他带队去取经。

　　《水浒传》中有一百零八条英雄好汉，一个比一个武艺高强，我们所看到的领袖宋江，竟然像一个没有用的人。

　　《三国演义》中的刘备，固然不表现英雄性；曹操手下猛将如云、谋臣如雨，几乎每一件成功的事，都由他手下人来表现；孙权更是如此，毫不显露英雄性。

历史学者钱穆先生指出：中国历史上，作为领袖的，太多英雄表现，就不易成事业。中国人的领导特性，乃是集团性大于英雄性；每一集团中的领导者，不易见其英雄性。

其实，唐僧还有另一种特性，就是每当孙悟空看出妖怪的原形时，都会好意提醒唐僧："师父，那个是妖怪。"可唐僧几乎都不相信，回答说："阿弥陀佛，悟空，不要乱讲。"然后被妖怪捉去。今天的领导，对下属的忠言，也常常不信，以致吃亏上当，似乎永难改变。

换成孙悟空当领导好不好？由于艺高人胆大，一路杀到印度，听不懂高僧的话，索性放一把火，把藏经楼烧掉。《西游记》变成了派孙悟空到印度去消灭佛教，难道是大家愿意见到的结果吗？如果领导者具有高度英雄性，必然为所欲为，很快将组织带向危险的境地，无人阻挡得了。诸葛亮愿意追随刘备，不见得肯为关羽效命，其理甚明。

🌀 小结

我们从象棋的将、帅，应该可以体会出无为而治的奥妙。将、帅不具英雄性，懂得深藏不露的要诀，实行"不管之管"；车、马、炮、卒才能够在将、帅的高度支持下，放手去做自己分内应做的事，既主动又互助，是一件非常好的事情。

思考

1. 工作中，作为领导的你，是否也曾遇到过两难？那你是如何解决的？

2. 你认为领导深藏不露好不好？为什么？

3. 你认为应该如何运用象棋模式？

03

中美日的
领导文化

美国人崇拜英雄。
上级只要充分表现英雄性，
成为大家崇拜的对象，
就可以得到大家的爱戴。

日本人服从上级。
上级只要年资深、职位高，
便可以放心地行使权力，
大家没有话讲。

中国人讲究中庸文化。
中庸就是合理，
一切合理化，才是正道。
上级要深藏不露，
不轻易展示其英雄性。

美国式的英雄文化

美国是一个竞技民族：大家来赛跑，谁跑得最快，谁就当头。身为总统，居然还要卷起袖子，同人家较量臂力。这种美国人的英雄文化，来自希腊的奥林匹克精神（如图 3-1）。

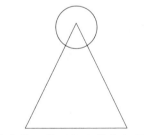

有底边，搞不好会推翻领导者

图 3-1 美国式的英雄文化

通用电气公司的杰克·韦尔奇、微软公司的比尔·盖茨、标准石油公司（1911 年被拆分）的洛克菲勒、福特汽车公司的福特、杜邦公司的杜邦等，都是企业英雄，为美国人所景仰。美国人喜欢英雄，更崇拜英雄，所以经常在各种情况中，制造很多英雄。美国各阶层领导者，也往往以英雄自居，用英雄性来领导。英雄式的领导，形成一个有底边的三角形。重心如果不稳，可能会向左或向右颠倒，把顶点的领导者推翻，风险实在很大。

美国著名企业家艾科卡（今译为艾柯卡），写了一本名为《反败为胜》的经验谈，居然大为畅销。主要是美国社会，以英雄文化为主流，不断缔造各式各样的英雄。在英雄文化的大环境中，英雄既容易脱颖而出，也容易一下子被打倒，所以常常要反败为胜。他们不明白中国人"立于不败之地"的道理，却沾沾自喜于从败中谋求复活。同时，由于英雄出少年，使得年纪大的人在美国社会很快被年轻人取代而徒自伤悲。

英雄基本上不能持久，不是被打倒，就是自己提早结束生命。领导者好不容易建立起自己的信誉，却不能持久，岂非冤枉？如果因此而缩短寿命，实在更不值得。美国人不得已这样做，我们要不要如此，各人自便。美国人的横式集团观认为，组织成员之间有 AB、AC、BC 等关系，彼此的地位可以互补。新成员很容易加入，而且一旦被接纳，其地位也和原有成员一样。A 的地位，如同其他成员的地位一般，会随时发生变化。没有 A，BC 仍然相连接；新的 A 出现，很快可以进入。

《易经·乾卦》指出：A 居于上九的位置，势必亢龙有悔。领导者高高在上，独自站在山头上，推土机一来，首先把他推掉（如图 3-2）。美国人要看《反败为胜》这一类的书，便是身处危境，随时会败，必须吸收反败为胜的经验。

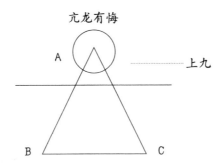

领导者站在山头上，推土机一来，先推掉他

图3-2　有时不得不反败为胜

英雄最害怕年迈，偏偏每个人都一年比一年老。就算长保英雄性，也难逃自然淘汰的命运。眼看着 B、C 逐渐健壮，竞技力愈来愈强，A 的地位便逐渐动摇。美国企业的总经理平均寿命减缩十年，便是这种强大的压力所致。

领导者站在亮处，一举一动都被大家看得清清楚楚，毫无神秘性，也就逐渐失去权威性。一旦引起大家的注意，认为只要如此这般便可取而代之的时候，势必更加危险，这不仅增加了很大的紧张性，当然也威胁到自己的健康。这种情况，是领导者不能持久的主要原因。

为了确保自己的地位，领导者必须在任期之内，利用自己的权力去争夺利益，西方的霸道思想因此应运而生。嘴巴上说民主，实际上是相当自由而并不平等。采取严密的控制来提高领导者的权威，因而引起更多、更大的反弹，使得基层抗争、中层"篡位"的事情时有所闻，成为英雄性领导的最大弊病。把物种竞争的原理应用到人的领导上面，重争夺而轻互助，事实上并不合理。

☁ 小结

美国人的长处，在崇拜英雄。领导者只要充分表现英雄性，成为大家崇拜的对象，就可以得到大家的爱戴。

日本式的大和文化

日本人的大和文化，使他们特别重视上下级的关系，以致纵式关系大于横式关系。同样的组织，日本人比较侧重 AB、AC 的关系，亦即 B、C 的心，会共同朝向 A，以 A 的意旨为焦点（如图 3-3）。

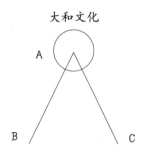

大和文化

没有底边，共同朝向顶尖

图 3-3　日本式的大和文化

这种没有底边的三角形，使得 A 的地位重要而稳定。A 的职务，通常由比较年长的人来担任，他不一定具有专长，却能够养尊处优。

主要原因在于，日本人非常重视资历，谨守年资序列制度，这对于巩固领导者的地位十分有帮助。

日本人的伦理道德，把下对上的恭顺看得很重要。上保护下，下依从上；上对下施恩，下对上忠诚，彼此紧密地联系在一起，根本用不着讲求什么领导，自然产生集团的力量，这是大和文化的独特作风，其他民族事实上很不容易做到。日本人的团队精神令人羡慕。只要年资比较深，便可成为大家遵从的前辈，说起话来就能够获得大家的敬重。

这种领导方式，实在轻松、简便。有没有能力，反而不是大家关注的重点，刚好和美国人的能力本位适得其反。

在日本社会，甲的年资较久，便可以担任领导；乙的能力较强，照样当下属。只要甲把工作让给乙，使乙有机会承担更大的责任，大家就认为十分安全。

年长的居高位，年轻的掌实权，未尝不是良好的组合。因为年轻的人，不致因自己的能力高强，就要取代年长的上级，反而乐于提供更多的协助，使上级安居于顶上的职位。大和文化的领导者，凭年资坐上高位，依然能够高枕无忧。可惜现代日本的风气已经逐渐西化，不再如此了。

日本索尼公司创始人盛田昭夫，便认为日本人的领导很像抬轿子。轿子一句话也不讲，安详地架在上面，好比气度恢宏的大老板。抬轿子的组织成员，将默默不讲话的"头儿"扛上肩头，一面流汗一面"嘿哟！嘿哟"地向前走。大家心照不宣地朝向目标缓慢地移动着（如图 3–4）。

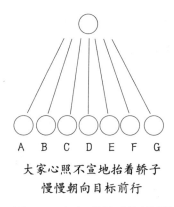

大家心照不宣地抬着轿子
慢慢朝向目标前行

图3-4 组织成员"抬轿子"

但如果决策错误，轿子就会迷失方向，甚至坠入海中。

另外，领导者猝然去世，往往发生组织的裂变，也是过分重视纵式关系的集团的一大隐忧。任何一个抬轿子的人，要想安安稳稳地坐上轿子，必须用心建立新的从属关系。某些不服气的人就会分裂而去，变成新的集团，另立门户。所以说，日本式领导，动员力强，分裂性也大。

在日本社会，每当领导者有所变更时，组织的存在与否，能不能稳固如旧，便面临十分严峻的考验。新领导者的产生，主要取决于他和组织成员的既有关系如何，而不是他的能力能否胜任。

首先，大家会注意到他在本集团中的供职年限。其次，大家会考虑他的年龄。由于集团的职位等级是按照进入的年份依序提升的，所以新领导者通常都是最为贴近原领导者，也就是在原领导者之下地位最高的那一位。如果同时有两位以上，那就按照年龄来决定，年长的优先。

但是，这位被推举出来的新领导者，必须拥有相当数量的后辈直接忠于他。因为前任领导者的后辈不一定都愿意听命于他，所以必须大量换血，这也是大和文化领导上的一大特色。

小结

　　日本人的长处，在于服从上级，上级只要年资深、职位高，便可以放心地行使权力，大家没有话讲。

中国式的中庸文化

　　偏重横式的关系，势必引起无穷的竞争。天天作秀，却很难安下心来把工作做好，这是美国式领导的弊端。他们整天紧张忙碌，造成无法避免的困境。

　　偏重纵式的关系，产生盲目的忠顺，变成一部刹车不灵的车子，一旦走下坡，危险万分，这是日本式领导的危机。辛苦劳累，也是难以改变的日本式生活。

　　中国人中庸化，实际上兼顾纵式和横式关系，以纵式为阳，横式为阴。甲有自己的尊严，却善于通过乙和丙去充分了解丁、戊等成员的意愿，作为决策的参考（如图 3-5）。

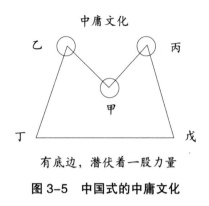

有底边，潜伏着一股力量

图 3-5　中国式的中庸文化

丁、戊也有联系，形成一股潜在的力量，甲领导得宜，大家共同拥戴；不得人心，大家忍无可忍，也可能群起把他推翻。中国人的制衡力量，在下对上"不要顺"而不是"要顺"，站在"不要顺"的立场来顺才能合理。甲、乙、丙是领导集团，以甲为中心，甲却无英雄性。

中庸的真义，其实就是合理。合理地让乙、丙表现，也让丁、戊合理地顺从乙、丙的指示，而不是盲目服从。"不要顺"的意思，是"站在不要顺的立场来顺"，以求顺得合理，不致过分顺从而导致不合理的结果。因为一心"要顺"，就不可能避免"决策错误必将造成危险"的恶果。换句话说，把"不要顺"和"要顺"合起来想而不分开来看，才能够同时兼顾顺与不顺，才能顺得恰到好处而无所遗憾。

下属具有这种看似"上有政策下有对策"的良好素质，领导才敢及时做决策而且放心地支持下属放手去做。上有政策下有对策，只要心存谨慎，务求政策得以落实，那就是集团应有的运作。

甲居于九五尊位，用不着表现英雄性，发挥深藏不露的精神，必能立于不败之地。所以，高明的中国领导者，实在用不着看《反败为胜》这一类的书（如图 3-6）。

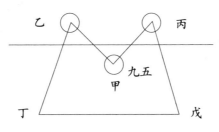

九五尊位，才能立于不败之地

图 3-6　立于不败之地的九五之尊

领导者甲自己收敛一些，放手支持乙、丙去表现。乙、丙表现良好，丁、戊等人归心于甲；乙、丙表现不佳，丁、戊激烈反对，甲可以把乙、丙换掉，无损于自己的位置。这看起来很险诈，其实道理十分清楚：甲无为，才能公正地分辨乙、丙是否合理地有为，也才能公正地分辨丁、戊的反应是否合理；甲有为，乙、丙反而无所为，那么，整个领导运作基本上就乱了。

乙、丙是甲的班底，甲通过班底去做事，自己可以降低风险。但是，甲必须谨慎建立公的班底，摒弃私的班底，否则他会被自己的班底拖累，以致同归于尽。让班底去表现，自己留有缓冲的余地，这才是合理的领导。

公的班底和私的班底，根本差异在出发点，为公或为私，颇有不同。这一点将在后面再做详细说明，届时自然会清楚。班底为公，就成为领导团队，没有什么不好。班底为私，那就是营私舞弊的小圈圈，十分可怕，而且会带来很大的危害。

把前面所说的上九和这里所说的九五进行一番比较，很容易就会发现，让乙和丙站在亮处，领导者甲自己深藏不露，等于躲在暗处，不但可以躲过很多攻击，而且很方便客观地看出乙、丙的表现到底合不合理，以便及早加以辅导，使其有效地调整，务求合理。

九五之尊，和象棋的将、帅一样的无为，才能够促使乙、丙像车、马、炮那般，自动自发地大有所为。

🌀 小结

中国人当领导，是真的英雄便不能轻易表现其英雄性，否则不可能长久；是好领导就不要处处摆出领导的威风，不然大家口服心不服，亦是徒叹奈何。

思考

1. 为什么美国人十分崇拜英雄？

_____

_____

_____

_____

2. 为什么日本式的领导一旦决策错误就十分危险？

_____

_____

_____

_____

3. 中国人的中庸之道，在领导上如何表现？

_____

_____

_____

_____

04

如何做好领导

做好领导有三个步骤：

第一步，扭转乾坤，

抱定不与下属争功的心态。

第二步，邀请参与，

下属不敢参与，

要使他具有信心。

第三步，约法三章，

规定不能太多，

简单具体最有效。

一切以公正和诚信为出发点，

使下属深信不疑而自动发挥潜力。

把组织颠倒过来

所谓乾坤，意指天地，扭转乾坤就是把组织颠倒过来，地在上而天在下，这样天气向上、地气向下，才容易沟通，符合阳气向上、阴气向下的自然道理。领导在上，下属在下，以上指使下，下属就会承受压力，因而产生抗拒，对领导不能自然地接受。

倘若组织颠倒过来，领导把下属捧得高高的，充分看得起他，凡是下属能够处理的事情都放手并支持他去发挥，让他有成就感，相信下属必然十分乐意而自动自发。

中国人最喜欢听一句话，大概就是："我支持你，你放手去做。"可见"以大事小"，把下属安置在自己的上面，相当有效。

放下身段，不能高高在上。下属不能做的，要设法辅导他，让他会做，下次他自己就有兴趣主动去做。不要抢夺下属的功劳，不要剥夺下属的成就感，这是领导的第一步（如图 4-1）。

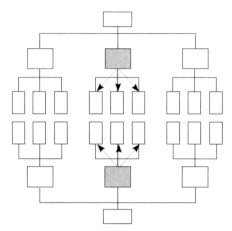

下属能做的，放手让他去做
下属不能做的，辅导他
不夺取下属的功劳，让他有成就感

图 4-1   把组织颠倒过来

领导以看得起下属的心态，让下属觉得很有面子，是激励下属好好表现的有效方法。如果你去询问一位年轻的朋友："为什么那么努力？那样用心？"答案多半是："没有办法，领导看得起我，我得表现好一些，要不然不好意思。"

相反地，一位下属态度消极，工作不力。你问他为什么会这样，答案大多是："反正领导看不起我，表现得再好，他也不会认定，干吗那么拼命？"

可见，给下属面子，看得起他，这对领导来说是十分有利的。高高在上，把下属压在下面，令其动弹不得，或者由于不受尊重而没有面子，不如反过来把下属捧在上面，让他不好意思不好好表现。

以大事小，正是树状组织生生不息的原理。把组织颠倒过来，由原来的倒金字塔形变成树的形状（如图 4-2）。

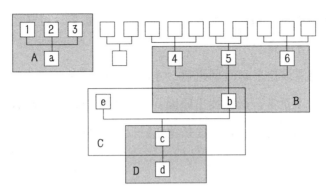

非常时期：①挺身而出，拿出办法　　平常时期：①尽量放手让下属去做
　　　　　②有勇气能担当　　　　　　　　　　②授权是最好的训练

图4-2　放手支持下属好好表现

下属是枝叶，领导便是树干，下面有树根，支持树干好好去发挥。1、2、3能做的，a不做，就让1、2、3去发挥。4、5、6能做的，b不做，让4、5、6去发挥。e、b能做的，c不做，让e、b去发挥。c能做的，d不做，让c去发挥。千万不要上侵下职，自己忙碌不堪，下属却觉得没有事情做而制造是非，那才是冤枉。

c不能做的，d来做。e、b不能做的，c来做。4、5、6不能做的，b来做。1、2、3做不好的，a来做。平常时期，尽量放手让下属去做；非常时期，领导挺身而出，表现得有勇气、有担当。这才是树状组织互依互赖的特质，从而发展为生生不息的精神。

领导在平常时期，尽量放手让下属自己去把工作做好，其实是在工作中训练下属、培育人才的最佳途径。下属能做的，让他自己去发挥，使其获得成就感，当然愈做愈起劲；下属不能做的，教导他、辅助他，但不能代替他做。有些领导为了自身的安全，抓住某些工作不肯放手，生怕下属表现得好，影响到自己的位置，这种想法是不正确的。因为下属忙碌，领导才能放心；若是下属不忙，反过来经常找领导的麻烦，那才头疼。

非常时期应该比平常时期短暂，才属正常。如果一直"非常"下去，那就十分不正常，必须找出原因，设法加以导正。平常时期和非常时期各有不同的处理方式，这是领导的权宜应变。

小结

中国式的领导，不重领导的英雄性表现，而重领导巧妙的深藏不露。做好领导的第一步，便是改变自己高高在上、处处发挥以大事小的作风。领导把下属看得有分量，把他捧得高高的，下属自然不好意思不争气，有机会就能好好表现一番，不让领导失望。

适时邀请下属参与

　　将组织扭转过来，领导放手支持下属去做事。但是，下属依然心存害怕，未必真的敢放手去做。主要原因是多做必然多错，喜欢参与却不敢贸然参与，想要主动也不愿意主动。领导最好能够设法邀请下属参与，培养他们自动的气氛，养成自发的良好习惯。

　　邀请下属参与，可以使用各种不同的方式。例如，请他记录或录音，请他作为代表发言或提出方案，请他整理有关资料或邀约有关人员，请他模拟相关情形并提供对策，请他监听协商内容并适时提示，请他办理或协助有关事宜，等等（如图4-3）。

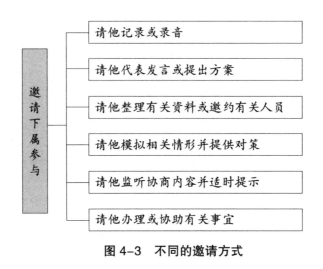

图 4-3　不同的邀请方式

只要赋予合适的责任，就会使其由不好意思不参与到自发地热烈参与。既然受到领导的邀请，当然可以放心地参与。自己贸然前来，万一领导不表示欢迎，岂非自讨没趣？对于下属的这种顾忌，领导必须主动加以消除。

参与是一种习惯，领导先要去除下属的不安，根据他们个人的特长，适当地邀请，以看得起的心情来激发其参与。能不能邀请合适的下属使其合理地表现，对领导而言，是个很大的挑战。看错了，应该邀请的没有邀请，不应该邀请的却给予邀请，反而会让下属看不起，认为领导不知人，也不善任；甚至可能被误解为滥用私权，偏爱某些人；或者有意让某人难堪，故意弄些难题让他出丑，那就更加影响士气，破坏了团队的和谐。

领导愈具有知人之明，受邀请的人就愈容易接受，否则推三阻四，也是难免。邀约适当的下属，对当事人固然是一种荣誉。没有被邀请的人，也会努力向上，希望有一天能受到领导的邀请。

领导诚恳邀请下属参与，下属如果不领情、不接受，那该怎么办？不能勉强下属接受，以免引起反感，也不能没有反应，或者立即改邀别人，造成不良的后果。一个决策，下属很乐意去参与执行，大家都很愉快；若是下属不乐意配合，千万记住中庸之道是要彼此求合理的。

领导应该承认下属也有五分道理，先听听他的意见。假若他的意见很对，领导就要调整决策，这样才是真正的合理。如果他讲的并不合理，领导可以分析给他听，当然，最好先称赞他很用心。最后他接受了，彼此都愉快；他坚持不让步，领导可以发挥指挥权，俗称"敬酒不吃吃罚酒"。

先礼后兵，先柔后刚，这种软硬兼施的方式必须分出先后，才会增进和谐的气氛，尽量获得人和的效果（如图 4-4）。

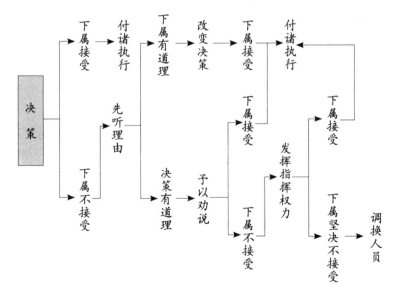

图 4-4 下属不接受要有效处置

领导最好冷静思虑，下属不接受邀请，到底是真的不会做呢，还是由于不愿意做而找借口推辞？孟子曾把这两种情况称为"不能也"和"不为也"，并且指出"不能也"比较容易克服，可以教他、帮他，或者派他出去接受训练，很快就由不能变能；至于"不为也"，那就应该提高警觉，为什么不为？是不敢做，不愿意做，还是不多做？先分辨明白，再对症下药，才比较有效。

不敢做的原因，大多来自对领导的不信任，下属认为领导随时会借故找他麻烦，想做、能做也不敢做。不愿意做的原因，主要是心中有不满，存心应付而不积极。不多做的原因，是害怕多做多错，对自己不利；或者气氛不对，多做会引起同人的不满，还是少做为妙。

小结

做好领导的第二步，领导需要率先表示诚意，随时邀请下属参与有关事宜，使其在轻松、愉快的气氛下，养成参与的习惯。下属乐于参与，就会全心投入，把事情做得相当圆满。

与下属约法三章

　　下属很热心、很主动，做事很起劲，这时候当领导的心情如何？很愉快，也很害怕，为什么会害怕？因为中国人往往过分自作主张，所以孔子才告诫我们"不在其位，不谋其政"，希望我们重视专职分工的道理，不要胡乱管闲事。下属有了自动自发的精神，领导就要适时约法三章（如图4-5），作为彼此之间共同的约束，以免人人擅自做主，乱了阵脚。

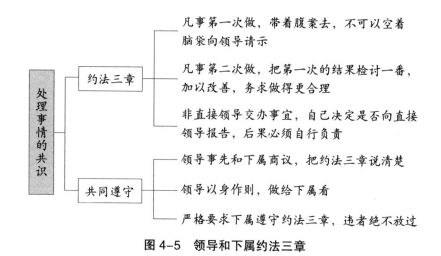

图 4-5　领导和下属约法三章

约法三章的要点如下：

首先，凡是下属第一次遇到的工作，不要擅自做主，须想好腹案，当面和领导商量，彼此达成一致后，才能同心协力把事做好。

其次，第二次做，不可依样画葫芦，要有所创新、有所突破。

最后，领导以外的人员交办事宜，下属应该主动和领导商议，取得领导的同意，或者报告一下，比较合理。

我们看看一般人的做法。第一次遇到事情，往往不是盲目找领导请示，便是信心满满地擅自做决定。前者是缺乏责任感的表现：反正领导做主，自己用不着负责任；后者则经常自以为是而招致许多想象不到的后遗症，因为学识、经验的欠缺，哪里能够想怎么样就怎么样？如此一来，置领导于何地？

第二次做的时候，不是依循前例，认为上一次怎么样，这一次当然可以照办，便是把它当作第一次遇到，向领导请示或者擅自做决定，基本上都是不正确的态度。

至于领导以外的人交办事宜，有些人采取全部报备的方式，甚至要求他们先向自己的领导说好，才能承接。有些人则完全不向领导报告，自己需要就做，也不合宜。

有效的领导，其实就是能获得及时的回馈。换句话说，下属能够自动自发地向领导提出及时的回馈，便是有效的领导（如图4-6）。

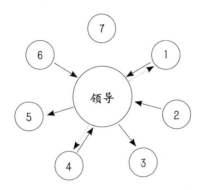

图4-6 有效的领导获得及时回馈

领导的原理，其实便是"刺激与反应的过程"。领导有刺激，下属有反应。反过来，下属有刺激，领导也有反应。彼此密切配合，化有形为无形，大家都愉快。如图4-6所示，领导有7个下属，1和4与领导做双向沟通；2和6向领导单向报告；3和5接受领导的辅导或协助；7则暂时无反应。这些情况都是动态的，并非固定如此。良好的领导方式，表现在双方都能够掌握时间的因素，做到及时反应。

下属有事会自动找领导，无事就不会死缠着领导。领导认为需要，会适时地给予辅导，否则也会尽量让下属自主工作，不随意干扰。及时回馈，必须注意事情的本末、轻重、缓急、大小。凡事考虑其时效性，予以A、B、C重点区分，领导和下属都能够及时有反应，效果必然十分良好。

通常下属都会抱怨，领导给他的压力太大，好像十分不信任他，老是催促、查询、指责。殊不知这种情况，下属自己也应该负起很大的责任，因为领导所担心的，实际上并不是下属会不会做、愿不愿意做。领导所最害怕的，是下属不吭气、不出声，等到时间一天一天消耗掉，到了最后关头，才表示不会做或不愿意做。

领导心里气愤的，并不是不会做或不愿意做，他所不能谅解的是：为什么不早说？早说不会做，可以另请高明，甚至自己投入，都不成问题；早说不愿意做，也有时间另行设法解决。把宝贵的时间耽误掉，才说出来，当然令人气恼。可见及时回馈，是被领导者必需的修养，也是领导者应该严格要求的事项。

小结

做好领导的第三步，领导需要与下属约法三章。约法三章，使下属动而不乱，在自动自发中，不会越权或失职。领导应该做到的事情，必须自己率先做好，然后再来要求下属，下属就比较容易接受。

思考

1. 你认为把组织颠倒过来其意义何在？

2. 如果你的下属不接受你的邀请该如何处理？

3. 工作中，你有约法三章的习惯吗？如果有，那你又是怎么

做的呢？

领导应有的境界

总动员才是良好有效的领导，
即圆通的领导。

圆通的领导，
应该达成三大目标：
向上获得领导的赏识，
向下获得下属的归心，
同时创造有利的环境，
因应环境的需要，
随时调整自己的态度和步调。

做圆通而非圆滑的领导

领导是一种程序，使组织成员共同为组织目标的达成而努力。有领导者，就有被领导者，更有彼此共处的情境。他们之间构成的互动，便是领导。

中国人喜欢说动员，意思是使成员动起来。如果能够做到全员参与，那就是总动员。大家一起动，而不是个人表演。

组织成员，各有各的角色功能，必须具有同台演出的观念，肯定每一个人都重要。因为红花再美，也需要绿叶的陪衬。大家一起来，各尽所长，才能够获得更大的组织力。有组织却缺乏组织力，便是领导无方的缺失。

领导者自己拼命表现，大不了是一场出色的个人秀。个人的力量毕竟是十分有限的，何况大部分的事情并非独力所能完成，必须大家通力合作。所以，总动员才是良好有效的领导，我们称之为圆通的领导（如图5-1）。

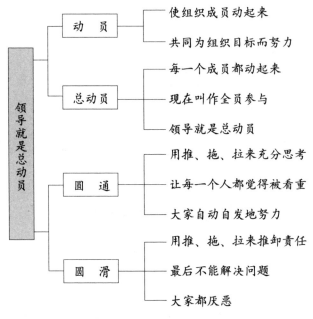

图 5-1　领导就是总动员

现在很多人根本弄不清楚圆通与圆滑之间的差异，自以为是地把圆通看成圆滑，使得社会上的评判标准都搞乱了。

圆通，是灵活通达，一点儿也不圆滑。圆滑则是打马虎眼，企图鱼目混珠，一点儿也不圆通。

譬如见什么人说什么话，如果拿捏得十分合理，当然是圆通；若是只求不得罪人，效果未必合理，那就是圆滑。说到大家都很愉快，没有什么不良好的结果，自然是圆通；说到大家都不相信，结果不良好，便是大家所厌恶的圆滑。推、拖、拉本身无所谓好不好，运用得恰到好处，称为圆通；运用得不合理，就叫圆滑。存心要化解问题，便是圆通；存心推卸责任，就是圆滑。

领导可以说是一种激发他人乐于为团队目标而奋斗的历程。有些人确实具有专长，而且在品德上也没有重大的缺陷，然而却不能有效地领导，原因是他无法得到下属的心，更谈不上下属乐意接受他的领导。自古以来，"得人心者昌"就受到重视（如图 5-2）。

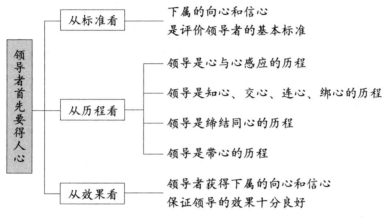

图 5-2 领导的本质是带心

下属的认可与否，是领导者有无实质领导效能的关键。缺乏向心和信心，便证明领导是失败的。下属不接受领导，领导者当然领导不起来。

任何事业，都是人的事业。领导的本质，便是带心，亦即由关心人开始。领导者的成就，依下属的反应以及表现而定。领导者必须确认：自己是在人的事业中奋斗，所以要重视下属的心理反应。

带心并不是讨好，领导者绝对不可以讨好下属，那样势必无法达成目标。只有抱着不讨好的心态来得到大家的心，才是圆通的领导。

前面已经说过，领导是心与心互相感应的历程。只要领导者与被领导者的心产生若干距离，双方就契合不起来。明明是一句好话，也可能被误解。明明是一件好事，也会由于缺乏连心而彼此猜疑，出现不良的后果。所谓好意变成坏意，很多都是疑心造成的。人心善变，所以不容易掌握。

带心的人，本身必须具有灵活的应变力，能够将心比心而随机应变。如果做不好，很容易变成投机取巧，一旦心术不正，就成为圆滑奸诈。圆通的领导者，应该自己率先正心。务求心正意诚，再来应变，以随机应变防止投机取巧，被领导者才能心悦诚服，不致有被骗的感觉。

🌀 小结

每一个人的能力，实际上都相当有限。如果不足以动员他人，就谈不上产生领导的效果。领导能够动员每一个人，叫作总动员。这种团队精神，十分可贵。

领导必须看得起每一个人，同时还要主动合理地关心下属，得人心的领导才能更好地发挥领导的价值。

学会被领导才能当好领导

每一个人几乎都同时在领导别人，也在接受别人的领导。我们最好先学习如何接受领导，然后再学习如何领导别人。只有能当好下属的人，才有可能当真正的好领导。若是和领导处不好，又希望下属和自己好好相处，这样的结果多半是否定的。

组织中最可怕的人，是那些既不能命令又不受命的害群之马，一方面无法领导他人，另一方面也不接受他人的领导，当然也就成为领导的障碍。既不是好的领导者，又不是好的被领导者，最终什么都不是。

领导的基础是被领导（如图5-3）。了解自己在什么情境之下最乐意接受他人的领导，然后将心比心，以同样的方式创造类似的情境，就比较有可能让自己的下属也乐意接受自己的领导。消减排斥力，增强接受力，创造有利的环境，即是圆通领导的基础。

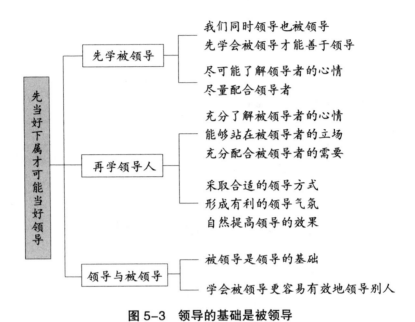

图 5-3　领导的基础是被领导

有一些下属，对领导非常不满意，后来自己当上领导，却表现得和他所讨厌的领导一模一样。一方面自己也觉得可笑，另一方面也才明白，原来立场不同，感觉会差那么多。可见，将心比心，设身处地，才是互相了解的有效途径。凡事只站在自己的立场来考虑，事实上很难体会对方的苦衷，因此怨言不断，无法包容体谅。

圆通的领导，除了替自己盘算之外，也会站在下属的立场来设想：怎样才不会引起抗拒、排斥？怎样才能够安心地接受、用心地思虑，并且细心地回应？

若是领导者设想周到而且措施合理，下属仍然不加理会，则要稳定情绪，不随便发脾气。然后再点他一下，看看能不能点醒，不然就提出一些问题，让下属自己反省。

民主的潮流，使得独裁式的领导很快地成为过去，代之而起的是

自发的领导，就是充分激起被领导者的自发心，使其自动自发，接受
领导（如图5-4）。

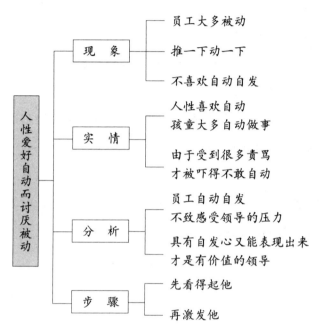

图5-4 领导的价值在于使被领导者自动自发

莎士比亚说过，正义加上慈悲的调味，人能成神。领导者公正无
私，运用适当的沟通，让被领导者了解团队的目标，并且激发高昂的
工作热忱，上下一致，共同创造高效的业绩，这才是领导的真正价值。

人对自己的决定最愿意顺从，心在哪里人也在哪里，所以得人心
的领导，可以产生自动自发的效果。

希望下属自动自发，领导者必须给予相当的敬重。我们常说"敬
人者人恒敬之"，领导者率先敬重被领导者，被领导者就会以敬重领
导者来回报，于是自动自发，共同创造最有价值的领导。

一般人错误地认为，人喜欢被动而不喜欢自动。以讹传讹的结果，也使人误以为自动自发几乎是不可能的。然而，我们稍微用心观察，便知道我们从孩童时期，便十分自动，可惜每一次自动，换来的大多是父母的苛责和打骂，使我们愈来愈不敢自动，宁可被动以求平安。长大以后，已经养成被动的不良习惯，又受到领导的指责，想起来实在相当无奈，也很可笑。

领导者最好明白：下属喜欢自动自发。我们不要重蹈覆辙，又弄得下属再度陷入被动的无奈与无力。

激起员工自动自发的热忱，才是圆通领导的价值所在。先看得起他，再设法激发他，使其忍不住重新燃起自动自发的儿时力量。童心再现，自动自发自然见效。

小结

为了兼顾领导和被领导，我们必须适时调整自己的位置，随时重新定位，以维持上下或平行之间的人和。首先学会被领导，然后才能当好领导，站在下属的立场考虑问题，通过激发他们，让下属自动自发地工作，从而达到领导的效果。

领导的境界在于无为

无为不是什么都不做，而是梁启超先生所说的"不要管他"。中国人普遍讨厌被管，领导者如果存有管人的心态，被领导者便会存心气他，结果管不好还要受气，实在不是好办法。不管他，他就不会反过来气你。

梁先生的"不要管他"，实际上只说了一半，下面还有四个字，应该是"却要理他"。领导者不理被领导者，被领导者也会生气："为什么不理我？"

"管人"是消极的约束，"理人"才是积极的领导，但是两者都属于有为的范围。再进一步，用"安人"来激起大家的自动自发，才是真正的无为而无不为（如图5-5）。

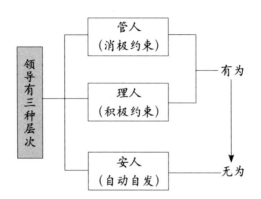

图 5-5　领导的境界在于无为

　　无为必须达成无不为的目标，才是领导的最高境界。领导者由有为到无为，必须经过一段得人心的历程，向心力和信心增强，员工自动自发，便能够无为而治。

　　无为而治，实际上就是员工自动自发的良好结果。领导者采取民主方式，由下而上产生一些制度，大家互相推演，修订再修订，自然形成一些合理的制度。于是在制度允许的范围内，大家发挥自动自发的精神，各自把分内的工作顺利完成，岂非领导无为而下属大有为？这种无为的领导，必须在确保无不为的前提下才能够放心地实施。最好先从有为着手，然后逐渐提升到无为的层次。同样有为，也由管人到理人，更为安全。

　　面对不同的被领导者，采取不一样的领导层次。就算同一组织，对不同成员，也应该有不相同的领导方式，以适应个别差异，收到预期的领导效果。

　　无为而治，当然是可能的。虽然很不容易做到，却值得尝试。领导者往往也是被领导者，如果希望达到圆通的地步，必须同时兼顾领导的三大目标（如图 5-6）。

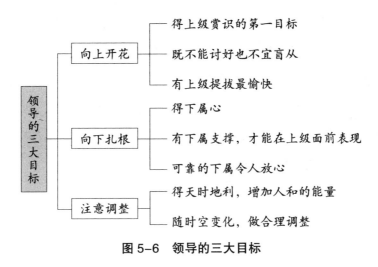

图 5-6 领导的三大目标

向上开花，亦即获得上级的赏识。拼死拼活，却得不到上级的赏识，岂不是十分冤枉？老实说，有人提拔总比自己拼命往上爬要愉快得多，所以向上开花很要紧。

向下扎根，亦即获得下属的归心。有些人只顾上不顾下，往往不能持久。因为下属不能归心，很快就会失去信心，减少向心，于是不愿自发，就很难有效领导。

注意调整，亦即创造有利的环境。上下之间处得很好，叫作人和，人和之外，还需要天时、地利的配合。因应环境的需要，随时调整自己的态度和步调，才能顺成。

向上、向下的同时，也要留意平行同事的反应，同样要取得他们的人和。

向上开花的意思，其实是有可靠的下属，等于让自己脚踏实地，站得稳当，然后才敢向上积极建议，提出可行的点子。否则上级一旦欣然接受，自己却得不到下属的支持，岂非吊在半空中自讨苦吃？

妥当的做法，固然是先向下扎根，再求向上开花。但实际情况并不是如此。自己不能获得上级的赏识，下属就不愿意归心，这也是人之常情。所以，同时兼顾上下的关系，应该是合理的方式。心目中只有上级，却没有下属的存在；或者全心全意照顾关怀下属，却忽视上级的存在，基本上都不是好现象。任何一方的阻碍，都足以破坏和谐的气氛，达不到人和的目标。

至于调整，那就是不断有轻微的变化，既不引人注目，也不招惹抗拒，逐渐调整，轻松愉快地求得合理。

小结

从管人到理人再到安人，从有为到无为，这是逐渐递增的领导境界。无为不是什么都不做，而是要达到无不为的目标，这才是领导的最高境界。

思考

1. 作为领导，你是如何得到下属的心的？

_____

_____

_____

_____

2. 为什么说领导的价值在于使被领导者自动自发？

_____

_____

_____

_____

3. 你将如何达成领导的三大目标？

_____

_____

_____

_____

三种领导方式的循环

领导的过程是动态的，
领导者要依据实际需要，
适时调整领导方式。

一般来说，
对新进员工采用分配式领导；
当员工对工作熟悉之后，
改用管制式领导；
自动自发的员工，
有了约法三章，
便可以采用协调式领导。

紧急的情况来临，
要求领导者快速应变，
立即回到分配式领导。

从分配式领导开始

领导的方式主要有三种，即分配式、管制式和协调式（如图 6-1）。

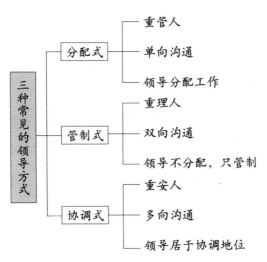

图 6-1 三种常见的领导方式

分配式。领导者以管人为重，不惜发挥职权，以单向沟通的方式来发号施令，比较偏重于强制性的领导。对于新进员工或者遇到紧急情况时，领导者可以考虑采用。但倘若经常如此，下属便会愈来愈不动脑筋，领导者愈来愈专制，也愈来愈劳累。

管制式。 领导者以理人为重，尽量看得起下属。以双向沟通的方式，在尊重下属的前提下，共同协商。但是，领导者仍旧重视控制，不鼓励下属之间横的连接，避免其他同人乱出意见，扰乱工作的进行。

在对工作已经相当熟悉，但整个组织仍未建立共识的时期，领导者可以采用这种管制式。若是长期管制，下属仍然处于被动状态，不敢主动，更谈不上自动自发。

协调式。 领导者以安人为重，不但重视双向沟通，而且鼓励成员之间的充分沟通，以达到自动自发的境界，多半用在同人已有共识的组织。

安人的重点在人人自觉，不但要自律，而且要自动。自律是自己把自己的事做好，不需要上级操心，也不会把事情做好就认为自己有贡献而要挟上级，希望升职或加薪，否则就要跳槽或降低工作品质。

自动是把分内工作做好之余，还有关心团队目标的习惯，一方面替上级分忧分劳，另一方面为同人提供协助。听起来似乎很难做到这种地步，但是值得领导者自勉，努力向这种层次自我提升。事实上，只有达到这种地步，才是领导者的最大成就。安人一阵子，还会引起不安，所以理人或管人，并不是安人之后就不需要，仍然要随机运用，或者三者同时因人而善用，以求有效。

分配式的领导，主要是领导者分配工作，并且交代要点，要求下属及时回馈，然后领导者再追踪检讨（如图6-2）。

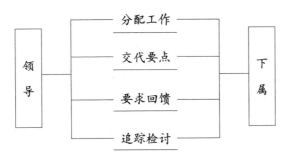

图 6-2　分配式领导的要点

　　领导者遇到新进员工，最好诚恳地告诉他："你的学识、经验都很好，以前的表现我们也很了解。但是，这是一个陌生的环境。我暂时不问你的高见，希望两三个星期以后，你对这个环境比较熟悉了，能够提出一些宝贵的意见，我们再来一起研究。"

　　新进员工胡乱发表意见，经常会带来许多困扰，作为领导应及时预防。把握新进员工初来乍到、比较容易接受辅导的时机，对他的工作一件一件辅导，让他做得更好，相信有了良好的开始，以后工作起来自然轻松、愉快。

　　新进员工刚来的时候很想学，如果不及时加以辅导，以后他就不想学了。如果让他自己摸索一个星期，他可能认为自己很熟悉了。这样错过了分配时期，想要重新来，实在很困难。分配式领导等于职前训练的实战演习，必须适时掌握。

　　一般来说，领导者有一种错误的观念，认为新进员工刚来，最好不要惊吓他，让他慢慢适应，逐渐加紧要求比较好，结果形成新进员工自生自灭，大多难以适应而辞职，造成很大的浪费。有些领导又刚好相反，打算一下把他降伏，新进员工很容易由于领导的下马威而造成心理上的隔阂，这样的情况对双方都相当不利。

新进员工中那些喜欢表现的，常常在摸不清底细的时候，就提出意见，这种人固然是自己找难堪。而那些不喜欢表现的，看清楚真相之后，还是把意见深藏在肚子里面，让好点子胎死腹中，也将是组织的损失。领导如何在适当的时机，以合理的方式，使新进员工提出宝贵的意见，应该是分配式转向管制式的最佳考验。

小结

新进员工，请他多听、多看、少说，以减少乱说的困扰。同时，希望他配合新环境的整体需要，重新学习新环境的作业精神。采用分配式领导，以此来塑造合用的人，这也是一种工作辅导，使其能早日熟悉环境，顺利进入状态。

再由管制式领导到协调式转变

管制式的领导，主要要求领导者与下属直接互动，却不鼓励下属与下属之间的互动（如图 6-3）。

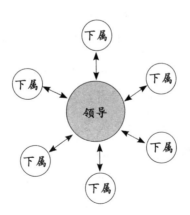

图 6-3 管制式的领导

新进员工经过一段时间的辅导，如果对环境和自身的工作已经相当了解，领导者便要适时放手，尽量给予他自由思考的机会，凡事先听听他的意见。由分配而管制，从领导的角度来看，是"退"，从"不听取他的意见"退到"先听取他的意见"；从下属的角度来看，则是"进"，由"不听我的意见"进到"先听我的意见"。下属进而领导退，表示省力化逐渐奏效，对领导者相当有利。

分配式只告诉下属"应该怎样做"，管制式却反过来先请问下属"你想怎么做"。不过，由于下属对其他同人仍然不够了解，而其他同人对他也是如此，所以，在管制式领导下，还是不鼓励他和其他同人的沟通。换句话说，偏重在上下沟通，暂时不重视平行沟通。何时由分配而管制，因人而异，必须依实际情况来决定。通常在同一个组织当中，领导者对所领导的人员，不一定采取完全一致的领导方式。这时候下属之间，难免有一些不明了的人，产生不平的感觉，认为领导偏爱某些人，而对另一些人特别苛刻。

这时候领导者应该以"公正并不一定公平"的道理，做好合理沟通，让下属明白自己变来变去，以及对不同下属采取不一样方式的原因，即一是"时"的改变，一是"人"的不同。下属如有不服，领导者也不必勉强加以说服，徒然增加反抗情绪，不妨给予希望。下属告诉领导者自己做一些调整，领导者就会配合他的调整，来改变领导方式，以符合他的期望，满足他的需求。

实际做事的人和站在旁边看的人，想法未必一致，这是我们常有的经验。实际工作的人，最了解工作的真实情况，所以我们应该尊重他的意见。刚开始的时候，要加以适当的管制，以防止当局者迷。如果发现他的实际经验十分正确，每一次所提的意见都很有帮助，便可以再放手，更退一步，给予他更多的自由。于是，由管制式转变为协调式（如图6-4）。

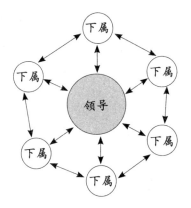

图 6-4　协调式的领导

管制式领导只尊重下属的意见，不鼓励他随便提供其他同人的意见或听取别人的意见。协调式除了领导与下属之间的双向沟通外，更进一步鼓励同人之间彼此多多商量，互相交换经验，互相支援。逐渐开放，才能确保安全。

明智的领导一直在退，一步一步让开，使下属在约法三章之下，自由自在地自动自发。如此，领导才有更多的时间，在自己的上级面前去表现以及从事一些例外性的事宜。

对领导者而言，把工作推给下属，并不是偷懒，更不是欺负下属。领导少做事，才有时间和上级打交道，摸清楚今后的动向，领导自己有前途，下属才可能跟着有希望。领导少做事，才有时间从旁辅助下属，圆满达成任务。领导少做事，才有时间和其他部门协调，对本团队的工作进展必有助益。

领导一天到晚埋头忙于分内的工作，对他个人、对他所领导的团队，都不是一件好事。再说，领导把工作分配给下属，表示他大公无私，不想掌握任何机密，不把任何资讯据为己有。下属有机会历练，

在工作中成长，同时可以在必要时获得领导的辅导和协助，应该十分
幸运才对。只要不过分，多做一些工作，获得更多经验，何乐而不
为呢？

小结

　　新进员工对环境熟悉之后，依然采用分配式领导，就会有埋
怨，会产生不安。这时要改用管制式领导，逐渐放松管制的范围，
使其愈来愈觉得有自主的自由，以增强其自动自发的兴趣。下属
表现出自动自发的热忱，领导者可以约法三章，改用协调式领导，
使其在更大的范围内自主，以符合人性化的需求。

紧急时再回到分配式

　　任何组织或个人，从分配式领导逐渐进入管制式，再逐渐放手，采用协调式，这时领导者仍然自留余地，保有"紧急时再回到分配式"的弹性，以便应急（如图6-5）。

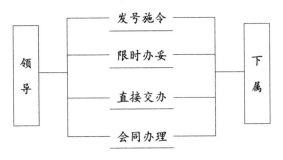

图6-5　紧急时的领导方式

　　领导者的"两把刷子"，表现在平常有平常的运作，而紧急时也有紧急的措施。两者不定期变换，可放也可收。

　　平常时期，领导逐渐放手让下属去自动自发，一旦发号施令起来，下属心中明白，这是紧急事宜，千万不要再多表示意见，尽量去配合，力求争取时间，快速解决问题。领导平时并不限时办妥，紧急时才能够提出时限，而下属也乐于接受。领导平时会听取下属的意见，紧急时不同意见直接交办，下属才能体谅。领导平时放手，紧急时带着下属一起去办理有关事宜，下属也才会全力配合而毫无怨言。紧急关头，以分配式来应急，快速有效。

　　领导者如果只有"一把刷子"，也就是平时和紧急时采用同样的领导方式，不论是分配式、管制式还是协调式，都会失去应变的弹性。

　　对领导者来说，固然十分不利；对被领导者而言，表面上看起来，好像比较稳定，也比较容易了解、摸索出应对的方式，但久而久之，自己也丧失了权宜应变的能力，非常吃亏。特别是年轻人，追随这种只有"一把刷子"的领导，养成呆板的反应模式，将来自己当上领导，同样不会变化，又带出更多呆板的下属，岂非祸害更大？

　　领导有"两把刷子"，自己拥有弹性，下属接受不同的刺激，产生不一样的反应，同样养成权宜应变的习惯，对组织的灵活性和应变力有很大的助益。平日重培育人才，紧急时重随机应变，各有不同重点。

　　从分配式领导到管制式再到协调式，紧急时又回到分配式，彼此构成领导方式的循环。领导者必须时常调整自己的领导方式，不能固定下来，认为"我就是喜欢管制式"或者"协调式最有效"。

　　领导者本身要有弹性，而且还要面对每一个不同的下属，采取不同的领导方式。例如，领导者带领五个下属，可能有三个人停留在管制阶段，而另外两个人已经到达协调阶段。这时候又增加一个新人，

　　那么，这个新进员工只好从分配阶段开始。同一组织，三种不同的领导方式同时在运作才正常、合理。领导方式，要因人而异。

　　但是同一个人，又要因情境而异。先来后到是一种变数；有的人学得快，有的人学得慢，是第二种变数；各人的经验以及心理上的愿望不同，又是一种变数，必须综合考虑，才能决定采用哪一种方式。灵活变换，构成循环系统，则是一致的（如图6-6）。

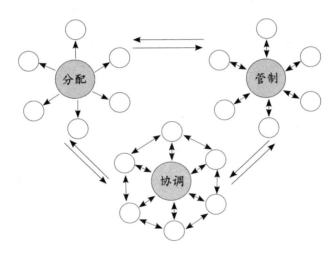

图6-6　三种领导方式的交互运用

　　领导者调整领导方式的时候，最要紧的依据，必须以"应该怎样就怎样"来代替"喜欢怎样就怎样"。换句话说，必须以理智来判断，千万不能够以情绪来反应。然而，人毕竟是有情感的动物，难免以情感影响理智，误认为所喜欢的就是应该的选择。因此，领导者的自我检讨成为非常重要的事情。每经过一段时间，就应该针对每一位下属做一番检讨：这样对待他合理吗？有没有什么需要调整的地方？

　　我们看到领导者不停地约见他所领导的人时，或者利用下属有事情找他时，都会趁机说一些鼓励性、抱歉性或者摆平性的话，用意即在把自己检讨时所获得的想法，个别地有所传达或补救，务求稳定各人的情绪，增强团队的凝聚力。

小结

为求安全、有效起见，领导者最好保留紧急处置的弹性，养成下属的警觉性，让其明白领导的紧急措施，能够同样自动自发地配合，以争取时效。有缓有急，能进能退，才是三种领导方式循环的真谛。

思考

1. 你认为在工作中怎样才能做好三种领导方式的循环运用？

_____

_____

_____

_____

2. 根据你的观察，说说实际工作中的领导情况如何。

_____

_____

_____

_____

3. 根据你自身的体会，想想应该怎样领导才比较人性化。

_____

_____

_____

_____

领导也需要一些
配套动作

能否实现有效领导，

圆通不圆通，

还要看沟通、激励、服务做得好不好。

圆满的沟通、合理的激励，

有效的服务，

构成圆通领导的配套动作，

三者合一，缺一不可。

计划、执行和评审这三种活动项目，

都需要沟通、激励和服务。

领导要以无私的爱与真诚的关怀，

力求圆通。

圆满的沟通

领导需要沟通，实际上却往往沟而不通。领导者说了老半天，被领导者根本听不进去，或者只听其中对自己有利的部分而加以扭曲。所以，必须设法沟而能通，以求达到沟通的圆满而有效（如图7-1）。

沟通时，必须依据以下三个原则。

首先，领导要求下属做某一项合理有益的工作，必须明确说明其目标、内容、步骤，并且说明一定要如此的原因。下属如有疏忽，除非有正当理由而且及早回应，以便共商变更的方式，否则决不原谅或放过。

其次，领导要以无私的爱和真诚的关怀，常常与下属商议相关问题，并且虚心、真心听取下属的意见。如有不对的地方，也要委婉说明，不要动辄怒责。若是暂时无法接受下属的良好意见，也应该说明原委，或者给予时间表，告知大约什么时间就可以付诸实施。

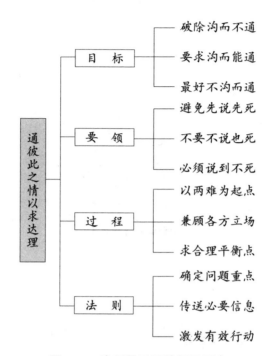

破除沟而不通
目　标 ── 要求沟而能通
最好不沟而通

避免先说先死
要　领 ── 不要不说也死
必须说到不死

以两难为起点
过　程 ── 兼顾各方立场
求合理平衡点

确定问题重点
法　则 ── 传送必要信息
激发有效行动

（通彼此之情以求达理）

图 7-1　沟通是重要的领导配套

最后，领导对下属，应该给予同样真诚的爱与关怀，不能够心存偏见或成见，尤其不可以明显地有差别对待。即使心里有亲疏之别，也只能暗示，不可以明说。

在进行沟通时，领导最好多提问题，让下属给答案，以防先说先死或不说也死，等到底细弄清楚了，先做宣示，大多能够说到不死，同时这也表示了对下属的尊重。沟通的过程，实际上和领导一样，以两难为起点，兼顾各方立场，共同求得合理点。

领导者的沟通技巧，通常并不表现在口才表达，而在于真心关怀，平日多照顾、教导下属，才能用得有效。

激励和沟通一样，也是领导必备的配套动作。激励像一把刀，用得好可以增强领导的效果；用得不好，照样能够降低领导的功效。不激励影响士气，实施激励很快引起不平的感觉，同样影响士气。

西方人激励有能力的人，中国人则激励有本事的人。本事包括合理的态度、自主的觉醒、人际的技巧、专业的技能、自我的定位以及合作的心理，总归一句话，就是有能力又能够表现得受到大家的欢迎，很不容易。

领导者以"有本事就来拿，拿不到怪自己不要怨别人"的激励标准，做到"公正而不一定公平"的合理不公平。领导者对待下属，固然应该一视同仁。但是长久一视同仁，势必引发好人、坏人不会分的疑虑，必须由一视同仁开始，然后逐渐分出亲疏，只要公正，并不一定公平。这种合理的不公平，符合激励的法则。

激励应该有不可变的经，譬如不可任意树立先例，以免无以为继而悔不当初；不可采用运动方式，不管是领导者希望显示实力，或者心求速成，运动迟早成为形式，不能持久有效；不可趁机大张旗鼓，徒然形成无谓的"激励秀"，不能引起大家的真心重视；不可显得偷偷摸摸，让人觉得鬼鬼祟祟而怀疑其正当性；不可偏离团队目标，以免造成不良风气；不可忽略有效沟通，务求通彼此之情而达圆满，以免产生不良效应。

当然，激励也应该依需要而变、随层级而变、顺时间而变、因场合而变、看反应而变、视情势而变，也就是有所变有所不变，才是有效的激励（如图7-2）。

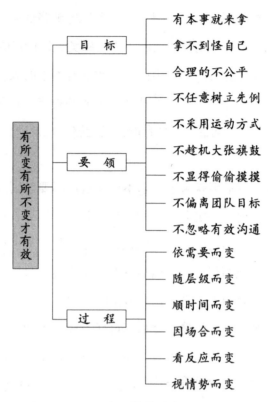

图7-2　合理的激励也很重要

小结

圆满的沟通，主要在通彼此之情，做到通情达理。身为领导者，最好依据"老师出问题，学生做答案"的原则，采取"领导出问题，下属自己去找答案"的方式，以避免掉入先说先死或不说也死的陷阱，从而走到说到不死的佳境。

激励必须有所变有所不变，力求合理才有效。否则有人欢喜有人不平，收不到激励的效果。

"让我来服务"

"让我来服务"远比"让我来领导"动听得多，因为一般人喜欢接受服务，并不盼望被领导（如图 7-3）。

领导者最好认清：服务只是尽自己的责任，并非对下属施恩。就算有一些人情，也不应该讨人情，因为人情不讨，人情永远存在；人情一讨，便连本带利都讨回来，等于白做人情。说不定两相对抵，领导者反而欠下属一份人情，岂不冤枉？

同时，服务的时候，最好明白"功没、过存"的道理，大家只记得过失，不容易认定功劳，所以不求有功，不应该老想着自己的服务对下属有好处，反而应该但求无过，小心不要使自己的服务带给下属麻烦，甚至于增加下属的苦难，这才是要紧的。

服务的基本理念，包括凭良心来发挥爱心，不宜过度而无节，反而爱之适足以害之，养成下属很多坏习惯。竭智尽忠，把服务做好，成为下属的表率，不做则已，一做就应该如此。言而有信，务求说得到和做出来的都十分合理。当仁不让，应该由领导者做的事情，绝不推让。有所不为，不争取不合理的利益。廉洁自持，不假借服务之名，行贪污舞弊之实，大家才能心服。

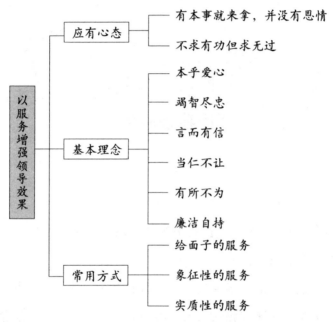

图7-3　有效的服务也是领导的配套

对领导者而言，常见的服务方式包括：给面子的服务，表示对下属的尊重；象征性的服务，给下属做示范；实质性的服务，目的在于辅导下属，使其更为精进，把工作做得更加圆满。这三种方式可以相互使用，一切适可而止，以求合理有效。

领导要发挥安人的潜力，必须配合妥善的计划，以求未雨绸缪，因为计划是肯定如何安人的主要力量。

对领导而言，理想能不能落实、目标能不能圆满达成，实际上都有赖于计划是不是妥善，大家能不能心服。未来领导路径，必须及早做出全盘性的决定，才能够掌握时间，有效地带领下属走上正道。

计划必须居于今后三年、五年、十年所可能发生的变化，来做比较切合实际而又具体可行的"行动前的思虑"，以安人为目标，来预测利害得失。把事与人合在一起，做整体性的评估。

预测的目的，在防患未然。未来会变化，在尚未露出端倪之前，不容易引起大家的注意。高瞻远瞩的领导者，必须指出研究的方向，以便把握良好的时机，建立有效的行动方案，在安人中达成预期的目标。

计划的要领，首先要虚心接受相关人员的意见，以便集思广益。

决定之前，要和相关部门商议，以争取支持。选择适当的时机宣布，还要找合适的人来参与。如果有人提出异议，也应该欣然接受调整。主持计划的人愈能够不居功，不认为自己很有功力，愈能够获得大家的认同。只要内容合适，具体可行，大多能够心悦诚服（如图7-4）。

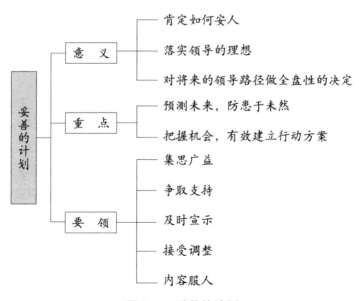

图 7-4　妥善的计划

领导者一方面感谢策划者的辛劳，另一方面也要感谢相关人员的指教与支持。由哪一层级的领导者来宣示计划，往往是成败的主要关键。领导者必须仔细考虑，以免遭受攻击或批评，弄得自己下不了台。

小结

用合适的服务来提高领导的效果，最好能够以服务代替领导。对领导者来说，理想的落实、目标的达成，都有赖于妥善的计划。领导者最好配合沟通、激励、服务等活动，通过计划、执行、评审等程序，来增强领导的效果。

考评要公正

领导者最好明白：计划制订之后，势必又有很多变数产生，不能不及时加以调整。就算计划时已经十分用心，将来可能产生的变数也要考虑在内。由于计划者和执行者在心态上、认知上很难一致，容易造成不能不调整的困境。只要执行者站在落实计划的立场，抱着不变更的心态来做合理的调整，目的在缩短计划与执行的落差，力求预期的效果能够完全实现，调整就是必要的。

边做边调整，必须具有正确的态度，譬如充分尊重既定的计划，尽量按照原定计划去执行，非有必要不予调整。执行者不可以为求争功诿过，故意变更原计划，以免引起计划者的不满。因此任何调整，都应该与计划者多多沟通，能不变更即不变更，必须调整时才加以调整。

通过与计划者的互动，明辨计划中有哪些不能改变的部分，然后调整那些可以改变的部分，来增进这些不能改变部分的功效。如果没有十分的把握，最好采取渐进的方式，先试行再决定，以策安全。

执行者应该具有高度的执行热忱，而不是盲目按照原定计划毫不用心。任何因合理调整而获得的成果，都应该与计划者分享，双方才能够合作无间，共同为具体落实计划而努力。

调整计划，应该视同权宜应变的措施，一切以合乎中道为宜，也就是合理就好。至于合不合理，很容易从执行的结果来评定。所以，执行的人必须深思熟虑，对调整的后果负起全部的责任。有功劳应该和大家分享，万一有过失，就应该由自己承担。具有这样的认知和态度，才称得上有热忱的执行者，对领导者最有助益（如图7-5）。

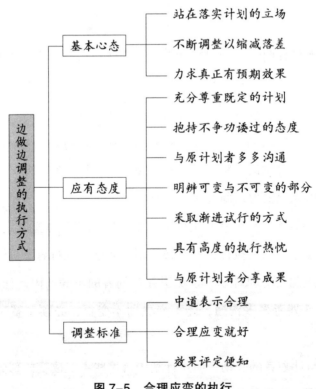

图7-5 合理应变的执行

　　领导者如果没有圆满的概念，就会落入"做对就好"的陷阱，导致大家"只求做对，不求圆满"而"但求自我表现，不顾虑他人面子"，弄得组织成员难以和谐，不得安宁，失去了安人的作用，也降低了领导的效果。唯有领导者重视在圆满中分是非，采取公正的综合评审，才能够在竞争中维持伦理，在互助中求取进步。

　　在圆满中分是非，最有效的方式是各人自我检讨，但实施起来十分困难。即使知道自己犯错，也不愿意坦白说出来。彼此检讨，又碍于面子，很容易造成恼羞成怒的不良结果。因此对人含含糊糊，对事清清楚楚，形成"对事不对人"，却又常常由于事在人为，人与事分不开而弄得大家很不愉快。一切摊开来，有话直说，效果也不好。

　　经过长期观察，我们发现含含糊糊地检讨，其实并不妨碍清清楚楚地评审。大家在公开场合，不妨把责任推给制度，说什么制度如不改变，实在无可奈何，让大家都有面子。然后私底下和犯错的人沟通，希望其一方面记取教训，不再犯第二次；另一方面赶快设法妥善补救，使过失所带来的损害降到最低。这样明的含含糊糊、暗的清清楚楚，比较容易收到圆满中分是非的效果，其要点如图7-6所示。

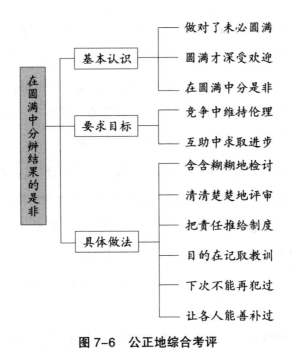

图 7-6   公正地综合考评

领导者最好运用考核来救人，而不是利用考核来"杀人"或整人。事先让下属知道怎样做才合乎要求，并且用心辅助下属把工作做好，能够确保成果，让下属安全获得良好成果，得到优良评核，这样的领导者，才是大家心目中尊敬的领导者。设下若干陷阱，事先不制定标准，甚至诱导下属犯错，然后趁机下手逼害的领导者，当然令人怀恨。

小结

未雨绸缪的计划，主要在落实领导者所提出的构想。如能防患未然，必能成就有效的行动方案。边做边调整的执行方式应该充分尊重既定的计划，抱持不争功诿过的态度。在大家都有面子的情况下做好公正的评审，是一种高难度的考核。领导者自己要坚定信心，把这些相关的配套动作做好，才有可能提高领导的水准。

思考

1. 日常生活中，你是如何与人沟通的？能否达到圆满？

　　✎ ＿＿＿＿＿＿＿＿＿＿＿＿＿＿＿＿＿＿＿＿＿

　　＿＿＿＿＿＿＿＿＿＿＿＿＿＿＿＿＿＿＿＿＿＿＿

　　＿＿＿＿＿＿＿＿＿＿＿＿＿＿＿＿＿＿＿＿＿＿＿

　　＿＿＿＿＿＿＿＿＿＿＿＿＿＿＿＿＿＿＿＿＿＿＿

2. 为什么说领导需要有效的服务？

　　✎ ＿＿＿＿＿＿＿＿＿＿＿＿＿＿＿＿＿＿＿＿＿

　　＿＿＿＿＿＿＿＿＿＿＿＿＿＿＿＿＿＿＿＿＿＿＿

　　＿＿＿＿＿＿＿＿＿＿＿＿＿＿＿＿＿＿＿＿＿＿＿

　　＿＿＿＿＿＿＿＿＿＿＿＿＿＿＿＿＿＿＿＿＿＿＿

3. 根据你的经验，你认为应该怎么做才能在圆满中分辨结果
　　的是非？

　　✎ ＿＿＿＿＿＿＿＿＿＿＿＿＿＿＿＿＿＿＿＿＿

　　＿＿＿＿＿＿＿＿＿＿＿＿＿＿＿＿＿＿＿＿＿＿＿

　　＿＿＿＿＿＿＿＿＿＿＿＿＿＿＿＿＿＿＿＿＿＿＿

　　＿＿＿＿＿＿＿＿＿＿＿＿＿＿＿＿＿＿＿＿＿＿＿

领导应有的共识

领导的经，

是领导者应有的共识，

这些原则是所有领导者都不能够任意违背的。

班底、知人善任和珍惜下属，

是领导者最基本的经，

必须好好秉持。

合理隐恶扬善，

容许无心犯错，

用心珍惜下属，

也是不变的原则。

建立公的班底

有人喜欢批评中国人的组织中大圈圈里有小圈圈，其实这并没有错。小圈圈就叫作"班底"，听起来相当可怕。如果用英文写成Management Team，好像很适合，一点儿也不恐怖。每一位领导者的管理幅度都相当有限，必须组成心腹知己的领导团队，才能够照顾得过来，说起来也是理所当然，并没有什么值得大惊小怪的地方。

班底有公的，也有私的。私的班底依领导的喜好，选择具有"同"字性质的，例如同宗、同乡、同学、过去的老同事等，实在令人厌恶。有时也可能把领导自己拖下水，弄得灰头土脸，所以应该绝对避免。

公的班底，则是经由工作表现来建立的。领导大公无私，头脑中根本没有"同"或"不同"的观念，只知道谁工作表现最好、人际关系最好，谁便是班底。这种公的班底，可以成为领导和下属之间沟通的桥梁。中国人有一些话不方便当面说，也有一些话当面说反而无效，都可以通过班底来达到圆满沟通，实在有很大助益（如图8-1）。

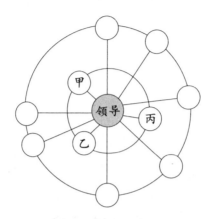

图 8-1　公的班底

　　领导者可以把"同"和"不同"合起来想，不必分开来看，管他同或不同，脑海里根本没有这种概念。只是彼此的合作，完全基于公益（团队的利益）的需要，相互之间的互助，完全是为了组织的目标。凡是贡献较大、配合度较强、主动性较高而且创造性较好的下属，经由逐步考验，一层层由外向内拉近，构成坚强可靠的班底。领导者对班底特别照顾，同时要求也特别严格。凡事要多依靠班底，当然应该特别费心。

　　既然要建立公的班底，必须善于知人。知人不明，建立不可靠的班底，形成小人包围圈，必然使大家心灰意冷而士气低落。俗话说："不识字不要紧，不识人最可悲。"知人的方法很多，如图 8-2 所示。

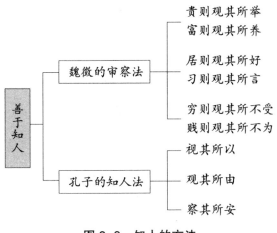

图8-2 知人的方法

唐代名臣魏徵的审察法，包含了六个方面：贵则观其所举，富则观其所养，居则观其所好，习则观其所言，穷则观其所不受，贱则观其所不为。

魏徵认为，在不同的环境中，观察人的所作所为，是知人的最好时机。这样多方面观察，不可偏颇。

孔子主张"视其所以"，从动机来看人的言行是否端正；"观其所由"，从结果来看人的言行是否正当；"察其所安"，从习惯来看人的言行是否自然。

知人不可仅凭经验，必须多加学习、印证，才能增进研判的实力。阅世愈深，经验愈丰富；学识愈深，判断愈正确。这样，知人就愈明。领导之先，必须知己知彼。

领导者用人之先，怎样去认识人才？认识之后，怎样使人才愿意为我所用？把这些都弄明白之后，才谈得上用得其所，使人才获得善用。同时，还要拉近距离，使其敢于发挥潜力。

◎ 小结

想要达到圆通的领导，必须建立公的班底。公的班底是经由工作表现来建立的，所以要对下属有所了解。了解下属就是知人，而知人的目的是为了善任，最终圆满完成任务。

知人善任

知人的目的，在善任。领导了解下属，是知人；领导如何让下属充分发展长处，是善任。

善任的意思，是相信他，委任适当的职务，让他去尽力。领导信任下属，不可以从零开始，也就是不可"先不信任他，等他有良好的表现，才来信任他"。领导应该从"小信"开始，由小信而大信，经由考验来逐渐增加对下属的信任度。由零开始，等于宣判下属的死刑，表示完全不信任他。既然如此，何必用他呢？无论如何，由小信开始，让下属有被信任的感觉，十分重要。

开始时，对下属应该一视同仁，给予同等的信任；然后这种信任有些增加得慢，有些增加得快，基于实际表现的不同，逐渐拉出距离，这是自然的工作表现与人际关系，而不是人为的主观感情。

职务方面，也是从实际表现中来赋予相当的信任，以便适时调整对下属的领导方式。我们常说"疑人不用，用人不疑"，初听起来好像是对每一位下属都应该如此。这种想法，基本上是正确的，符合上述由小信开始的基本原则。但是，仔细分析起来，仍然有程度上的差异。

领导者对每一位下属有不同的信用度，说起来这也是下属自己所建立起来的，必须由自己来承担后果。从这个角度来看，领导者的态度可以说十分公正。对甲信任得多一点儿，对乙信任得少一点儿，应该是合理的不公平，乙不能抱怨，甲也不必感恩。一切自作自受，各人获得自己所应该得到的信任度。领导者在考验下属时，必须秉持公正的态度，下属才会心服（如图8-3）。

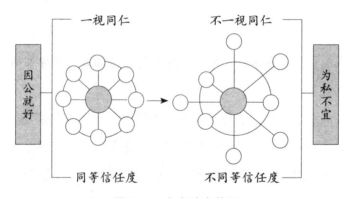

图8-3　由考验中善任

有些领导者喜欢把下属的缺失放在眼里，而把下属的优点藏在肚子里。这样的领导者势必难逃无人可用的噩运。因为人非圣贤，谁都有缺点。随时随地发现下属的缺点，这个不行，那个也不行，常常觉得自己很不幸，没有用得上的可靠的下属，这和领导者的习性看起来也有相当密切的关系。

我认为，领导者最好把下属的长处放在眼里，把下属的缺失放在肚子里。只要预防得当，不让他有机会表现缺失；只要辅导有方，让他有机会施展长才，领导者的领导便可达到圆通的境界。

举例来说，甲能力高强，办事热心，思虑周到，可惜手脚不干净，钱财方面相当不可靠。请问这样的下属，能不能用？不用，浪费了一位有用之才；用，经常提心吊胆，也很可能造成祸害。这种两难，最好用兼顾的方式，把用与不用合起来想，也就是用其所长而防止其所短。

换句话说，只要不让他有机会经手金钱，当然可以让他一展长才。对于他的长处，尽量加以鼓励，使其得以如愿以偿，获得表现的机会；对于他的短处，其实用不着大张旗鼓，广为宣扬，使其抬不起头来，否则等于毁掉一位人才。扬善隐恶，对甲而言，殊有必要。

扬善隐恶，并不是忘记他的缺失，而是伺机预防，防患未然。但是，在防弊之外，尚须重视兴利，要提供合适的机会，让下属的长处有显著的表现。这便是人尽其才，人人能够尽其才，即是人人可用。私底下劝下属改掉缺失，公开的场合尽量赞扬下属的长处，是合乎人性的领导原则（如图8-4）。

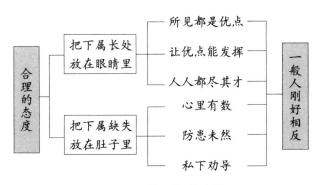

图8-4　合理扬善隐恶

☁ 小结

　　知人而不能善任，等于不知。善任的时候，要经由实际的考验。重视下属的长处，提供合适的机会让他充分去发挥，以达到人尽其才的地步。对于下属的缺失也要记在肚子里，防患未然，使其没有机会表现，这才是领导扬善隐恶的最佳措施。

容许无心之过

"多做多错，少做少错，不做不错"，这是大家都知道的道理，如果勉强规定大家要把这种观念改过来，变成什么"多做不错，不做大错"，恐怕是"言者谆谆，听者藐藐"吧。骂了那么多年还不见得有效果，似乎应该改变一下心态，把它当作真实的描述，然后再进行适当的调整，可能更有效。所以，改变思考的方向，有时候十分必要。

合乎人性的圆通领导，是承认本来多做就可能多错。为了鼓励大家敢于多做，领导者必须具有容许下属无心犯错的雅量。一做错就要惩罚，谁敢多做？

人不可能不错，只要是无心的，不是故意的，领导就不必责骂他，反而要安慰他，让他把痛苦的经历说出来，使其他的人同样得到教训。

初犯不罚，才可鼓励大家敢做、多做。违法的事，不可能无心，所以只要不违法、不舞弊，尽量从宽解释为无心的过失，不予责罚，使大家安心去做，因为就算犯错，也会得到合理的宽谅（如图8-5）。

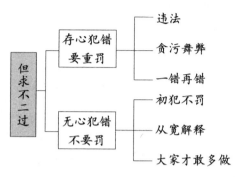

图 8-5　容许无心犯错

　　领导者最好承认"人非圣贤，孰能无过"的事实。即使自己身为领导，十分谨慎，有时候也难免犯错，何况下属在技能、经验等方面都尚待充实和磨炼，哪里能够苛求不犯错误？平日固然要勤教下属，把自己的实际经验和下属分享；对于下属的遵守法纪，当然应该以身作则。在这种情况下，下属还是免不了会犯错。

　　孔子当年倡导"不二过"，大概也是为了避免大家心存多做多错而不愿意多做尝试，以致故步自封而不能长进，这才想出初犯不罚的构想，希望大家在法令许可的范围内，多多尝试，放胆去做，以期获得良好的创新。

　　大部分下属不喜欢领导的原因，在"只注重工作而不关心下属"，好像下属是机器而不是人似的，令人觉得受利用而不受尊重，这是十分令人痛心的事情。

　　领导的职责，是保证目标达成，把工作做好，因而注重工作的进度和品质是理所当然的事。但是，下属的心理反应也值得领导重视。因为领导不关心、不珍惜下属，便不可能获得下属的向心和信心，也就不可能做到圆通的领导。控制得住下属的人，却掌握不住下属的心，总有一天，领导会尝到众叛亲离的悲苦滋味。

珍惜下属，必须兼顾并重以下六个方面，才能够逐渐增强下属的向心，坚定他们的同心（如图 8-6）。

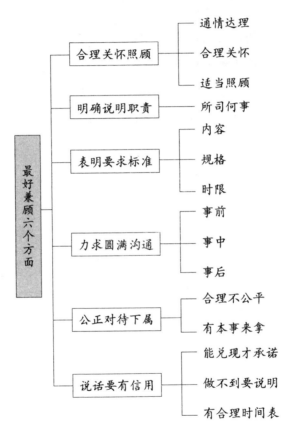

图 8-6　用心珍惜下属

给予合理的关怀和必要的照顾，让下属明白领导并非不通情达理的剥削者。下属如有什么要求，不妨向领导表明，大家好商量。

尽量明确地说明职务和责任的范围，使下属知道工作重心在哪里，在分内先好好表现，再谈替领导分忧分劳。

尽量明确地表明对下属的期望，把要求的内容、规格和时限说清楚，使下属知所遵循而自我要求。

力求事前、事中、事后都能够圆满沟通，使下属愈来愈了解领导的意旨和用意，以便进一步密切配合。

公正对待下属，力求合理的不公平，而不是不合理的公平。下属有本事就来拿，拿不到怪自己。

言必有信，做得到的才承诺，做不到的要及时说明，以免被下属视为应付了事。需要一段时间以后才做得到的，也要提出时间表，让下属有信心。

小结

领导者要容许下属的无心之过，养成不犯第二次错误的风气。

领导珍惜下属，合理地关怀，言而有信，万一做不到，也要适时说明，才能增强下属的信心。

思考

1. 你认为是建立公的班底好，还是建立私的班底好？

✍ _____

_____

_____

_____

2. 为什么要由考验中善任？

✍ _____

_____

_____

_____

3. 工作中，你怎样处理下属的无心之过？

✍ _____

_____

_____

_____

09

领导应有的变通

权就是变通，
领导的原则不变，
方法却应该随机应变。

从领导中心到下属中心，
领导者有多种形态可以选择运用。

时位要配合，
刚柔要互补，
说话与沉默，
也应该适当调节。

领导因时、因地、因人而制宜，
才能发挥有效而圆通的领导力。

原则不变，方法要变

领导的经不可忽略，但是运用起来，应该因应实际的情境而有所变化，以求制宜。实际的领导，是变动，亦即动态的。

领导看到的，是自己的经，常常觉得自己很有原则。下属所看到的，则是领导的权，所以总觉得领导根本没有原则（如图9-1）。

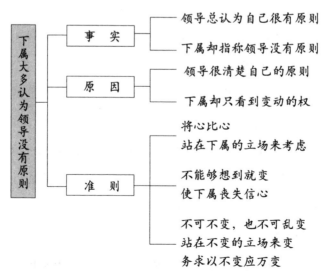

图9-1　下属看不见领导的经

这种现象在中国很常见，必须说清楚，才不致产生不必要的误解。我们常说"内方外圆"，"内方"便是自己的经，只有自己最清楚，别人根本看不见；"外圆"则是自己所表现出来的态度或行为，大家都看得见，有时反而自己不清楚。

领导变来变去，下属就会不知所措。我们一方面要互相体谅，因为变是必要的，也是正常的；另一方面更应该将心比心，尽量不要乱变，要变得合理，下属才会知所遵循。

上下互动，大家都发挥无比的弹性，应变力最强。但是，一定要建立默契，否则会严重脱节。中国人常说"人是旧的好"，彼此心意相通，变起来恰到好处，效果最佳。

什么叫作默契？就是彼此心意相通，具有共同的看法，不用多说也能暗合的神妙。如果什么事情都要明白地说出来，甚至一再重复解说，那就是缺乏默契。有时甲说东，乙所想的却是西，那也是没有默契。

一般而言，领导和下属之间，刚开始难免有不同的看法，各有所思，也各有不同的见解，谈不上什么默契。但是，由于工作上的配合，不断交换意见，常在一段时间之后，发觉彼此愈来愈有默契。凡事不必多说，很快地就达成共识，产生极强的凝聚力。人为什么是旧的好？因为旧人的默契比较可靠，而且什么地方可能产生歧见，也容易掌握。

领导的两极，一为领导中心，权力集中，一切独断独行；一为下属中心，允许下属在限定范围内自由发挥，亦即让下属充分持经达权，依照目标去权宜应变。

两极领导各有利弊。然而在两极之间，还有许多变化。由领导中心趋向下属中心，依序可见领导用软性手段推销自己的决策，骨子里依旧是硬的。领导提方案，欢迎质询，在一问一答中坚持自己的观点。领导提出有待调整的初步构想，比较宽容地让下属参与，相当给予尊重。

领导不提意见，却提出问题，征求下属多方建议，集思广益，集体做决策，已经很民主。两极之间所造成的领导行为连续区，如图9-2所示。

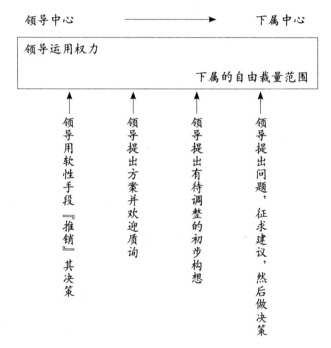

图 9-2　领导行为的连续区

领导必须合理地坚持原则，不过应该逐步养成下属独立自主的能力与习惯，最好由领导中心朝向下属中心，依情境做适当的变动，以求最为圆通的效果。

这种领导行为的连续区，实际上的运作，可以配合前面所说的三种领导方式来进行。分配式相当于领导中心，而协调式则显然属于下属中心。管制式可以再行细分，出现领导独断独行和下属自己持经达权之间的各种领导行为。可见领导者必须了解下属的状况，及时做出合理的领导，而不是自己喜欢怎样领导就采用什么样的领导方式。换句话说，应该怎样就怎样，并不是喜欢怎样就可以怎样。

人才既然为领导者所用，如何使人才发挥所长，以创造有益的功效，领导者责无旁贷。领导者通过教导、训练、惩戒、奖赏等方式，促使下属自求上进，与领导配合，逐步向下属中心迈进，才是上策。

☁ 小结

持经达权，是我国最高的管理智慧，以不变的经来达成万变的权，叫作以不变应万变。领导者确实把握经权的配合，适时、适地、适人、适法地调整自己的领导方式，才能达到圆通的地步。依据原则来随机应变，变化中有持续，才是有效的变，而不是乱变。同时持续中有变化，才是日新又新，不是守旧不变。

把握宽容与禁止

宽容，指以宽大的心胸来加以包容。领导对下属的言行，要适度宽容，否则即应该予以禁止。

宽容与禁止的界限，事实上因人而异，无法求其一致。但是，必须以安人为标准：不影响大家的"安"，尽量给予宽容；影响到大家的"安"，亦即带来不安，立刻要明确禁止，以免造成祸害。

有能力、表现得好，就会不知不觉地耍起大牌，不论领导还是下属，都可能出现这种特权倾向。我们究竟要宽容到什么地步？最好先把"安"的标准设定出来，达成共识，使大家心里有数，不要过分，才不会引起众怒。

禁止的言行，要事先有所沟通；禁止的行动，应该适时、适法，千万不要闹成意气之争。当然，标准也可以因时、因地而变动，但至少要交代得过去（如图9-3）。

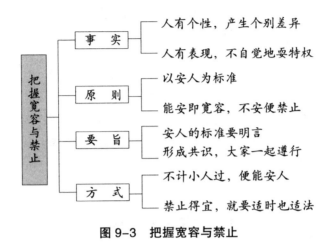

图 9-3　把握宽容与禁止

　　诸葛亮倡导法治，是不争的事实。但是他经常不计小过，让犯错的人获得幡然悔悟、改过从善的机会。他并不是忽视刑罚的功能，而是适度的宽容。当然，这种宽容是有限度的，超越限度的人，无论如何要接受法律的制裁。领导者最好明白刑罚是不得已的手段，绝对不能流于残酷，令人断然求去，有人才也不能用。

　　使用处罚，必须以仁爱为出发点，使被处罚的下属不认为领导者处置不公，却能够自己承认罪有应得，才算是贤明的领导者。曾国藩是著名的儒将，对待下属有如慈母一样的爱护，但是最反对宽容溺爱，因此主张严格管教，以免败坏人才，也败坏事业。可见，宽容固然是必要的，而严管也是应该的。如何寻找平衡点，全凭个人的智慧了。

　　中国人很重视时位的配合，时即各方面配合起来的时机，位即各方面配合起来的关系。领导的时候，看时机而变动，看关系而调整。领导离不开时间和空间的配合，离开时空，谈不上领导，也看不出好坏（如图 9-4）。

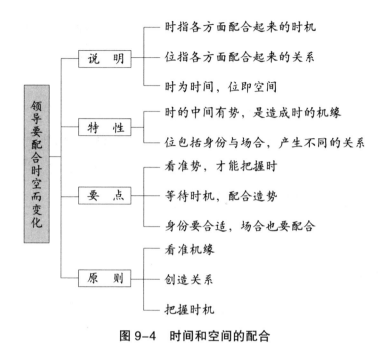

图9-4 时间和空间的配合

时的中间有势，是造成时的机缘。我们常说"时机好，而情势不利"或者说"时机不好，情势很有利"。时机是他力，只能等待，不能创造；情势是自力，可以把握，也可以创造。领导者创造自动自发的气氛，便是领导的有利情势。时机合适，也可以下达命令。

时不能离开位，需要情境配合，时位要整体考虑。看准机缘，创造关系，把握时机，才是领导的最佳配合。领导是否圆通，完全看领导能不能注意到"时""位"的配合，如果配合得宜，效应必佳，否则便应该及时调整。

时间和空间这两大因素，是领导时改变形态的主要权衡条件。当事业开创发展之际，各种人才都可以破格录用。但是，心腹班底仍以小心谨慎的为宜。事业已达相当规模，不宜先行扩大，以守成为宜。

这时候用人必须更加小心，以循规蹈矩的为可靠。领导者的用人态度，随着时空的变化有所不同，若能适时调整，必能合理应变。

在宾客面前，领导者表现得特别礼贤下士，宾客离去后，下属就应该特别谦恭有礼，以免遭受领导的指责。到他处做客，领导者表现得十分有魄力，回来后也要对随行下属有一些激励。凡此种种，看起来好像相当虚伪，彼此捧来压去，实际上也是时空配合的一些调整，目的在求心理上的平衡，无可厚非。

小结

应该强制的时候，不妨强制执行；可以让下属自动自发的时候，尽量放手。有必要禁止的事项，及时予以禁止；可以宽容的，尽量宽恕容纳。

领导的时候，看时机而变动，看关系而调整，时位配合得宜，才能达到圆满。

刚柔与长短的互补

领导者不能不说话，却不可以乱开口。人、事、时、位都正确，还要有效应，这种话才可以说，说出来才有效，才不会闯祸，增加自己的麻烦。

中国人不习惯随便讲话，愈不轻易开口的人，大家愈重视他的意见，现在很少有人体会到这个道理。言不能收效，就要暂时沉默，因为有时候不说话比说话更有沟通的效果。有言有默，要适当调节。知言不知默，是时代病。

言要适题、适时、适法。言不对题，听的人莫名其妙；不适时，容易引起误会；不适法，大家就不愿意接纳。

说话时，要注意听者和自己的差距。领导者千万不要认为自己了解下属，以免造成误解。小心一些，多听听下属的意见，才能更为了解。

领导时有言也有默，唯有知默才真正知言（如图9-5）。

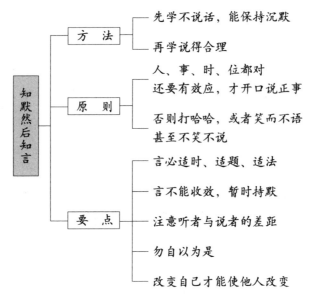

图 9-5　知默然后知言

被领导者的言默之道，对领导者而言，事实上也十分重要，影响领导的成败。领导者的苦恼，一方面在被领导者有话不说，闷在心里头，既摸不清他真正的看法，又拿他没办法；另一方面则是被领导者没有话也乱说，而且说个不停，不但令人厌烦，而且浪费时间。

为求减少这方面的苦恼，领导者最好先检讨一下自己的言默之道是不是合理、能不能受到下属的欢迎。合理调整自己的言默之道，才能够改善下属的回应方式。

领导者秉持"时不对，人对，不必说；时对，人对，而地不对，不能说；人不对，不必看时地，就是不说"的原则，下属逐渐有所体会和认知，自然也能够把时、地、人放在心中，有说有不说，养成合理的言默习惯。

人有刚性的，也有个性稍柔或甚柔的。下属之中，有能力很强，也有稍差或甚差的；有专才，也有通才。分工时要注意彼此的互补，以求长短配合，刚柔互济。配合得宜，两蒙其利，否则只会彼此伤害（如图9-6）。

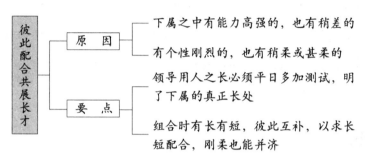

图9-6 刚柔与长短的互补

例如，指派两个人参与商业谈判，最好不要都找喜欢讲话的人，也不要都找不喜欢讲话的人，应该找一个喜欢说话的人，一个很细心但不喜欢讲话的人。一个讲一个听，有意见立即提示，让那位喜欢讲的人再做整合，比较不容易漏掉要点。或者两个人一个讲客家话，一个讲闽南话，随时可以应变，使对方觉得我们很有诚意。

领导者怎么知道谁长谁短呢？这要靠平日多了解下属。平日多接触，明白其长处与缺失，逐渐用事实来证明自己的判断并无错误。领导者可以用比较不要紧、比较不急迫的事情来测试，这样比较安全。平时多测试，配合起来才会恰到好处。

领导者对于人才的运用，好像艺术家对于色彩的调配，只要得宜，就都能成为佳作。被领导者应该对同人之间的互补有正确的认知，不可以认为自己高人一等而不屑与同人合作。特别是出身名校、追随名师，而且所学甚有专长的人，更需要体会和认知红花也要有绿叶陪衬的道理。

保持谦虚的心情，在领导合理的安排下，与其他同人同舟共济，彼此互补，不辜负领导的一番苦心。长与短互补，长有长的好处，短也有短的好处，岂非皆大欢喜？刚柔并济，双方的好处都能够顺利展现，当然也是配合得宜。领导者和被领导者必须在这一方面培养良好的共识，被领导者信任领导者的安排，也乐于与同人合作。

小结

应该说的话，一句不可少；不应该说的话，一句也不宜多。言默的调节，时位的配合，以及长短的互补，无不因实际情况而有所变化。所谓情境领导，便是顺乎情境而持经达权。

思考

1. 管理与领导是一回事吗？

_____
_____
_____
_____

2. 领导需要配合时空而变化的原因何在？

_____
_____
_____
_____

3. 怎样才能够彼此配合共展长才？

_____
_____
_____

10

对特殊员工的领导

班底、奇才，大牌、奴才，呆人、"废人"，
说起来都是特殊员工，
最好实施不同的领导。

要礼待班底，善用奇才；
防止大牌，挽救奴才；
减少呆人，辞退"废人"。

礼待班底，善用奇才

班底，指组织内人际关系良好、工作绩效优良，而且和领导十分配合并且获得信任的下属，是一种从工作中逐渐建立的领导集团，也就是公的领导伙伴。

领导一步一步让开，下属一步一步自动，这时候需要某些人率先领头做榜样，班底便是合适的人选。有事协调，先通过班底做非正式的沟通，大抵明朗化之后，再由领导正式出面，是一种自留余地的方式。人事调动或升迁，先由班底放出风去，测试反应如何，领导就不至于承担太大的风险。下属有事不便当面和领导商谈，班底也是很好的先期洽谈人。诸如此类，经由班底迂回沟通，相当有效。

对班底要加以礼待，却不能过分溺爱，以免只手遮天，反而引起沟通管道的不畅通。领导心里清楚，只是通过班底去运作，不可反客为主，否则就会引起大家的不安。

有机会被领导遴选为班底，必须注意以下三点。

首先，不可在言语或行动上显露锋芒，以免引起同人的不安而增加领导的麻烦。除非领导授意，否则有如庸才一般，领导放心，同人也才安心。

其次，不可因受领导重视而目中无人，骄傲自负。至少心目中要有领导的存在，守住本分。对同人应该保持谦虚的态度，获得大家的支持，才能长久成为班底。

最后，不可自认为无所不知而轻率处理事情，以免造成错误而伤害团队。和领导亲近，知道更多机密，更不应该轻率从事，否则引起领导的不安，难以长久相处。

领导和班底的互动，是同人注视的焦点。相处融洽，大家自然奋发；不然的话，士气必然涣散，其要点如图 10-1 所示。

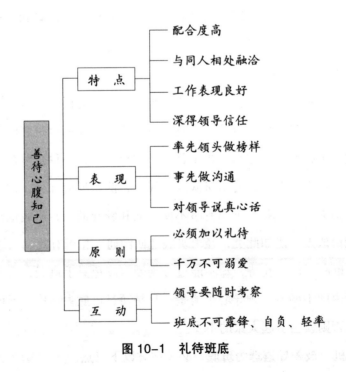

图 10-1　礼待班底

班底之外，偶尔会有年轻而精明能干、头脑清晰、效率极高的奇才，由于表现出色，使得组织内人人自危。有时从奇才身上所得到的，往往无法弥补其他同人所失去的。

所以，领导者最好为奇才那非凡的能力提供表现的机会，给他一个繁重而吃力的专案，暂时减缓他的冲击力，再好好运用他的才华。但是，不可以立即把他变成班底，否则会严重伤害忠诚而稳重的"老人"，使班底起内讧。

奇才通常具有强烈的成就感，内部工作总是不能完全满足他的需要。可以让他参与一些对外事务。如果有成就，不要吝于给他具体的奖励，不论精神的或物质的，使他更乐意贡献才能。万一败下阵来，也可以帮助他收敛一些。

对于奇才，有机会就要把他举荐出去，除非你是个企业老总，否则他一直在觊觎你的位置。就算真的是企业老总也应该衡量一下，自己这个庙够不够大、能不能容纳这么大的菩萨。如果不能，恐怕还是早日把他举荐出去，以策安全。其要点如图 10-2 所示。

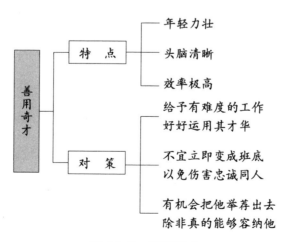

图 10-2 善用奇才

奇才本身，最好学习诸葛亮怎样接受刘备的领导，而不是专门羡慕诸葛亮受到刘备三顾茅庐的荣幸。与关羽、张飞相处融洽，获得刘备的信任，这些都是诸葛亮这位奇才能够合理自我定位、妥善施展抱负的重要表现。赢得后世的激赏，并非完全由于他的奇才，而是基于他的智慧。可见，奇才想要受人敬重，以大才大智全心辅佐领导，使领导安、同人也安，便成为首要的课题。

⚘ 小结

不论任何人，只要善于做人做事，心目中又有领导，便可以成为班底。但是，必须自然地组成班底，不可急促建立，以免造成祸害。

对于奇才尤其要小心看待，因为他的破坏力很强，如果不存心利用他当工具，就不可以急着把他看成红人或特别倚重的人，以免把他宠坏。

防止大牌，挽救奴才

中国人向来能屈能伸，一旦能力强、年资深、背景硬、职位高、有专精、立奇功、学历高或者关系够，便可能表现特权倾向，开始要大牌。大牌员工，去掉他，可惜；不去掉他，可恼。固然是两难，也要设法化解。否则因循苟且，大牌愈耍愈离谱，组织士气受到不良影响，到那时才来着急，恐怕为时已晚，更加不容易解决。

对待耍大牌的员工，首先要原谅他，了解其耍大牌的原因；其次要劝他，让他明了不耍大牌，大家会更加尊重他，他的前途也会更为光明；最后要安他，安定他的情绪，辅助他好好工作，在平凡中表现自己，平凡中见伟大，才更伟大。

对于大牌员工，能安就宽容，不安便禁止。最好能够及早建立共识：大家都应该好好表现，不要过分耍大牌，引起同人的不安。禁止的时候，先迂回后直接，必要时可以家庭访问，让他的家人帮助制止他。

要耍大牌也是一种不安，领导者把不安的根本原因找出来消除掉，遏制耍大牌现象的发生。不安的原因，直接询问很不容易找到答案，因为耍大牌的人往往认为理应如此，并不觉得有什么不对的地方。最好是旁敲侧击，用心体会，才容易找出根源。

我们已经说过，领导者对待被领导者，应该一视同仁，但由于被领导者的个别差异，实际上很不容易一视同仁。所以，在耍大牌方面，也要有不一样的评价才比较合理。彼此所宽容的限度并不相同，才算是合理的不公平。大家心里有数，只要合理而不过分，程度上有一些差别，大家应该可以接受。若是大家不能接受，表示领导拿捏的分寸有问题，最好加以调整，以求合理（如图10-3）。

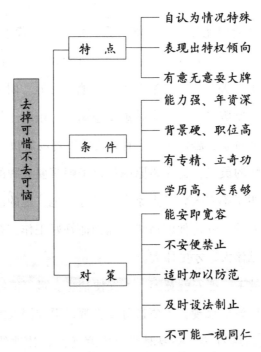

图 10-3　防止大牌

不论是非，只知道唯命是从的人，久而久之自然成为听命的奴才。他们平日也很得领导的欢心，被视为心腹，一旦有事，领导者才发现他们根本不可靠。这是因为，日久不动脑筋，他们已经丧失思考力和应变力。

奴才多半是领导自己养成的，在领导的过程中，过分严肃或者显得刚愎自用，下属起先装成奴才以求适应，结果日久养成习惯，成为典型的奴才，而且很难回到原来的状态。

领导者如果一开始便讲求合理，接纳下属"站在不要顺的立场来顺"，便不容易制造奴才。万一不幸出现，也要及时劝导，不需要唯唯诺诺，应该自己施展创造力。

对于奴才，必须具有挽救他的心态，把他救回来，功德无量。挽救的方法，最好是尽量提问题，让他自己去找答案；或者送他去接受培训，令其充实起来。

一般来说，领导者都很讨厌下属有话直说或者有话实说。下属刚开始也许摸不清楚，钉子碰多了以后，守本分的也就噤若寒蝉，干脆什么都不说。而那些投机分子却能抓住领导者的这种个性，不是巧言令色、献媚讨好，便是唯唯诺诺什么都好。结果弄得领导者有目不明，有耳不闻，渐渐地为这一群奴才所包围，不明真相，以致做出错误的决策，害惨了自己。

被领导者当然不应该毫无顾虑地有话直说或者有话实说，因为如此一来，根本就是心目中没有领导者的存在。这种不尊重职场伦理的表现，被领导者视为叛逆，而不受喜欢、不受照顾也是理所当然。所以，领导者固然不要制造奴才，被领导者也不应该把自己变成叛逆分子，其要点如图10-4所示。

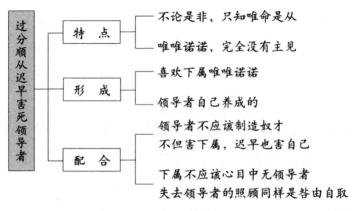

图 10-4　挽救奴才

小结

　　大牌、奴才都要预先加以防范，这是领导者应该时刻关注的。一旦形成，就要赶快劝导，设法改变，以免日久成为沉疴，积重难返。

减少呆人，辞退"废人"

呆人和"废人"，原来既不呆也不废，否则组织也不会把这种人请进来。但是，就算是组织把这些人弄呆了、搞废了，基于自作自受的道理，这些人也应该自己负责。我们的对策是：减少呆人，辞退"废人"。

呆料是人为的，呆人同样是人为的。进来时原本不呆，忽然变成呆人，这是什么人的责任？员工不长进固然有问题，领导也有问题。为什么不能保证员工与组织同步成长？为什么凭空造成人力的差距？为什么把原本不呆的人居然用呆了？

员工跟不上组织，就造成难以负荷的沉重包袱。减少呆人，必须及早注重对员工的训练。不要只顾业绩，把员工的时间和精力都压榨光了，否则脑筋空洞化，乃是必然的趋势，多输出少投入的结果，不呆也会变呆。

减少呆人，并不是发现呆人便予以淘汰，那样会制造很多困扰。提早重视训练，才是最佳途径。发觉某些人迟早会变成呆人，不妨及早提醒，实在不合适的人，可以考虑转行，因为在这一行的呆人，换一行可能并不呆。关心不同情况的员工，给予合理的辅导，必然可以减少呆人。

领导者必须充分了解，在这样的团队中工作，是不是容易变呆，或者是不是团队中的某些员工比较容易变呆。为了安人，有时候不方便明说，但应该暗地里加强辅导，以求有效防止。一般来说，过分刻板化的工作，千篇一律，很少需要动脑筋，特别容易变呆。于是，适度的轮调，或者加强动脑方面的训练，应该及早安排。利润较高、财力较旺的组织，可以考虑在这些部门多增加一些员工，然后轮流接受各种训练，以培养人才。由于工作的需要，把人家用呆了，领导者应该有愧于心而及早避免。否则一旦呆人成灾，还是要自作自受，且悔之已晚。其要点如图 10-5 所示。

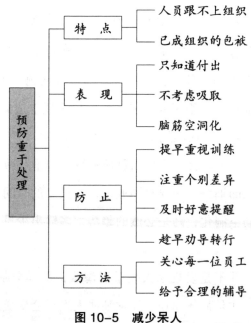

图 10-5　减少呆人

中国式管理，并非不可以辞退员工，只是重视人性，尽量先礼后兵；到了忍无可忍，就应该壮士断腕。辞退的时候，仍然本着好聚好散的初衷，不必令人过分没有面子而产生怨恨；留下将来再见面的情分，不必决裂到以后见面就会仇人眼红的地步，对组织、对个人，都十分重要。

抱着"诸葛亮挥泪斩马谡"的心情，不是"除之而后快"，而是"自己没带好，实在很歉疚"。

把挽救无效的"废人"，用"不知如何产生"的名单，由人事评议委员会来审议，这时候还要替他说几句好话，因为这些话终究会传到当事人的耳里，至少让他好过一点儿，然后不记名投票，通过后予以辞退，再以不具理由的方式，通知他办理离职。

如果他坚持公开理由，最好劝他为自己留些余地，将来比较好做人。相信他会体谅大家的好意，默默离开，以"无缘无故被迫走"为借口，到别处去谋求新职。

员工离职以后，不要再到处说他的坏话。有人打听，尽力隐恶扬善，以免阻断他洗心革面、重新做人的机会。听到离职员工以"排除异己"为借口，也不必太介意，大可一笑置之，反而不会引起外界的猜疑。若是严词驳斥、费力辩解，很可能给人"此地无银三百两"的感觉，愈描愈黑。

当然，真正涉及诽谤时，可以诉之以法，以昭公信。把"血浓于水"和"壮士断腕"合在一起想，不难找出留用与辞退的平衡点。站在一家人的立场，能不辞退当然不要叫人走路，实在不得已，也应该做到仁至义尽，以安员工，其要点如图10-6所示。

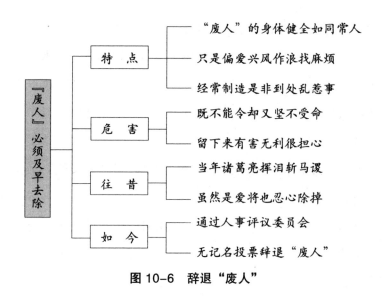

图 10-6 辞退"废人"

小结

员工在没有进入组织之前，原本没有一些不良的习性，否则
也不会被请进来。领导者居于良心和爱心，必须尽力挽救他们，
不应该用过就弃之如敝屣，这令人心寒，也影响士气。如果实在
不能拯救，便要当机立断，否则后患无穷。

思考

1．你是怎样对待班底和利用奇才的？

2．你认为应该怎样防止大牌，挽救奴才？

3．如何区别对待呆人与"废人"？

11

有效的领导艺术

人很难改变别人，
也很不容易改变自己。
我们所能做的，
不过是知己知彼。
领导者的形态，
也应该因时而制宜，
不可执一不变。
领导者必须有效地打动被领导者的心，
才能让被领导者乐于自动自发地工作。

不用权而造势

　　中国人一提及"权"，多半会在其后加上一个"限"字。"权限"的意思，是任何人所拥有的权，实际上都相当有限，所以最好不要用权，否则有限的权，一下子便用光了。对方尊重我们的权，这时权才有力量；对方若不尊重，我们就算有权，又能奈何？下属大不了辞职不干，领导又有什么办法？

　　管理学家曾指出，权力有五个主要来源：一是法定的职权；二是控制给予多少报酬的权；三是居于对方恐惧感而来的控制权；四是追随者确认领导者的参考权；五是个人喜好，包括自己的专业、努力、兴趣，以及职位对事务的影响。

　　无论是法定的，还是个人声望带来的影响力，使用起来都容易引起对方的抗拒。换句话说，不使用权力，就不会产生无力感；一动用权力，就很容易产生无力感。权是用来使对方自动尊重的，不是自己主动来使用的。

　　领导者最好自认有责无权，只是善负责任，并无什么权力，反而容易引起别人的尊重。时时表示自己拥有权力，不但招来很多请托和诉求，难以满足时纷纷表示不满，而且令人妒忌，成为破坏、中伤的目标，也很不利。明明可以解决的，但要说问问上级的意见。即便具有代表上级的身份，也要客气地说明回去再向上级报告。这种话传到上级耳中，必定更加信任；同时也减少对方的高度期待，降低大家的妒忌，对自己甚有助益。

　　权限的大小，全凭自己如何妥为运用。用得好增大，用得不好也会缩小，可大可小，取决于我们的上级。其要点如图 11-1 所示。

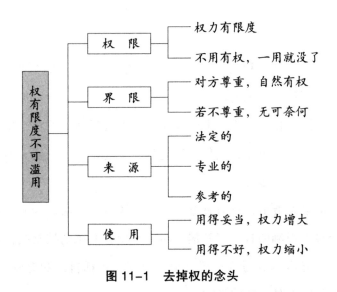

图 11-1　去掉权的念头

　　中国人主张：形势比人强。领导者不用权，却应该努力创造有利的形势，使被领导者自动自发，在不知不觉中尊重领导者的权力。例如，中国人大多明白"先说先死"的道理，因此推来推去、躲躲闪闪，不愿意先说。然而，最后还是有人先说，这个人是谁？

答案十分简单，居于劣势的不得不先说，居于优势的当然就有办法不先说。优势的人不先说，劣势的人只好说；优势的人不做，劣势的人不得不做；优势的人希望自动，劣势的人就会自动；优势的人不用指示你要尽力，劣势的人必然尽力。

这是什么道理？形势所逼。领导者只要造成自动自发的形势，追随者心里明白，自动才吉，不自动必凶。凡是自行选择的，便是自愿，亦即自动自发。其要点如图 11-2 所示。

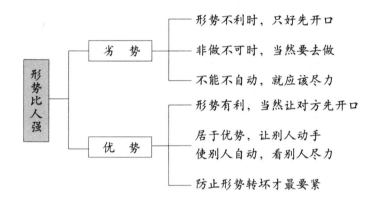

图 11-2 把握势的转移

如何保持优势，是领导者十分重视的事情。但形势是动态的，时时可能变动。万一领导者身陷劣势，又该如何处置？这时找一位中介者，应该是可行的途径。领导常常请托甲去劝导乙，便是发现形势不利，不方便直接向乙说明却不能不让乙知道，这才以甲为中介来扭转形势。

中介人士必须慎选合适的，以免中介不成，反而生出枝节，添增麻烦。一般的原则，以乙所信赖的人为优先，因为乙比较容易接受他的劝解。然而这位中介者的品德修养也要多加考虑，至少不致趁机添油加醋，或者离间破坏。平日多考验，需要时才能寻找到合适的中介，这再一次证明知人之明的重要性。

小结

领导者喜欢用权，追随者一心等待授权，结果都很不愉快。领导者不用权，却能够因势利导，追随者既不越权又不失责，这才能够皆大欢喜。

人很难改变别人，也很不容易改变自己。我们所能做的，不过是知己知彼。知彼不易，知己更难。知了之后还要进一步建立有利的形势。形势随时在改变，所以领导者的形态也应该因时而制宜，不可执一不变，这便是孔子所说的：无可无不可。

机动调整气氛

最佳的领导形态，根本不存在。有人说"专制最好"，既对，也错；有人说"民主最好"，既对，也不对。应该专制的时候，就专制；应该民主的时候，便民主。这种适时调整的做法，事实上比较合理。

调整的因素很多，好比领导者自己的性格，每一个人都不相同，而且也很难改变。譬如追随者的素质，有的适合讲理，有的必须动之以情。还有所任工作的性质，紧急事情火气稍微大一些，大家都能够忍受，大小事一律发火，大家就不服气。加之当时当地的特殊背景，入境必须问俗，而且要顺应当地的风土人情。另外上级领导者的要求也很重要：有些人明知施压无效，却一直盲目施压，主要是做给他的上级领导者看的。只要就有关因素加以分析、比较，然后综合起来，就可以找出当前合适的领导形态。但是，时空一改变，就应该跟着再调整。

领导者如果是副职，首先要体会正职的作风。不能够和正职相处融洽，很容易发生摩擦而被冰冻起来。因为一旦引起正职的怀疑，所有能者多劳都将变成大权独揽而遭冷落。特别是副职的学识、经验胜过正职的时候，更应该秉持"大智若愚，大巧若拙，大辩若讷"的态度，以免令正职不安，导致自己也不能安。

有任何意见，最好少用决定性的语气，多以商讨性或陈述性的口气，由正职做决定。一切对外发表或当众宣布的文件，都应该以正职的名义。处处抬高正职的地位，时时尊重正职的职权，替他处理一些比较不重要的事，较为妥当（如图 11-3）。

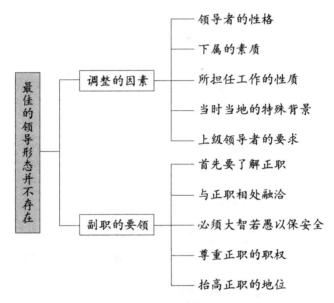

图 11-3　适时调整领导形态

领导者是人，难免有喜、怒、哀、乐之情。例如发火，便是很难避免的一件事。理论上，领导者应该心平气和，保持理性来沟通；实际上，领导者往往忍无可忍，就会大发脾气。理论上又说应该有修养，改掉坏脾气；实际上则是下一次再改，这一次先发再说。

发火并不可怕，发火之后不知如何收拾残局才最恐怖。会发火的领导者，必须同时学会救火、熄火和灭火，将来才有再一次发火的可能。否则一次发火，便烧得精光，下一次就没得发了。不怕发火，只怕一发不可收拾，造成两败俱伤的局面，严重的还会同归于尽，必须格外小心。

熄火、灭火就是变换气氛，使原本十分紧张的火爆场面变得比较不易灼伤。大家冷静下来，一切求合理，自然出现圆通的结局。领导者要主动地变换气氛，不要弄得十分僵化，把自己逼进死胡同里，动弹不得（如图 11-4）。

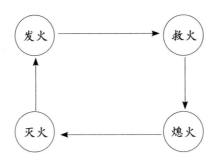

图 11-4　灵活变换气氛

领导者当然可以采取硬派作风，硬就硬到底，怕什么？但是必须有死而后已的决心。因为下属往往对探底很有兴趣，试试看领导到底能够硬到什么地步，又硬到何时。人生不过百年，领导者又何必以硬汉自居呢？

硬汉令人钦佩，却不值得学习。硬拼之外，不一定就是逃避或顺从，我们还可以适当地控制，何乐而不为？

人在忍不住的时候，当然要发火。但是发火毕竟伤害感情，再怎么有理也说不过去。赶快趁火气降低的时候，主动找对方聊聊天，关心他，也鼓励他，让他知道自己发火的动机是出于好意，可以说为他好才动怒，化解一番，说不定能更加增进彼此的了解，使彼此的合作更加顺畅。

小结

最佳的领导形态根本不存在，需要根据相关的因素加以分析、比较，然后综合起来，就可以找出当前合适的。

领导者也是人，难免有喜、怒、哀、乐之情，在任何情况下，不管遇到什么事情都要学会调整心态，机动变换气氛，不能把自己逼进死胡同。

抓住下属的心

中国人每次听到授权，都觉得很有道理，实际上施行起来大多无疾而终。因为权是有限的，本来就只有那么一点点，再分授给别人，自己岂不是更加无权？何况授权往往变成可怕的分权。一旦由自己身上分出去，就因无法掌握而放不下心。加之被授权的人很容易由无意越权演变为有意滥用职权，令人更加不能放心。

我们的基本态度是：领导者有权，下属有责。下属既不可越权，更不可失责。越权便是心目中没有领导者的存在，领导者不但害怕，而且有说不出来的厌恶；失责是没有把分内的工作做好，当然不受欢迎。

如果大家都能够体会和认知"我哪里有权？只有责任"这个想法，便会不使用权力，而是谨慎地尽责任，很多问题会简单得多，也好办得多，更实际得多。

把争权或等待授权的心态改变为尽责的心态。不说分层授权，却肯定分层负责，这才是中国人立于不败之地的最佳保证。人人尽责，哪里还会失败呢？

说起来很可笑，我们居然无视权责合一的原理，不尽力宣扬"要他负责任，就应该授以相当的权限"，让下属好做事情。反而认为，领导者有权无责、下属有责无权的念头才属正确。因为我们知道，领导者必须负起全部责任，所以不必把部分责任也一并扛起来，说领导者无责，到头来还不是要负起连带责任？而下属无权，只要以负责任的心把工作做好，基本上领导者不可能反对，也就等于授权。我们不主张形式上的授权，却希望通过上下的交心，通力合作，达成实质上的授权。

上有权而下有责，如图 11-5 所示。

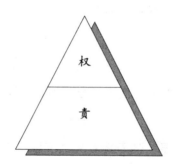

图 11-5　上有权而下有责，最好分层负责

西方人比较容易接受工作导向的领导，中国人则显然喜爱关怀导向。先关心他，总比见面就谈工作更受人欢迎。关怀他，他多半会自动谈工作，此举相当灵验，请多多尝试，必有良好效果。

一位在台湾工作的外籍经理认为，要做到称职的领导，几个 F 非常重要：

Father 表示领导以尊长的心来爱护下属，下属才会尊敬他、信赖他，因为父母爱子女的心当然纯正。

Favor 表示体贴照顾之外，尚须礼待下属，用看得起他的心态来领导他。以礼相待，必然受到下属的欢迎。

Face 表示处处给他面子，他才会自动要脸，表现出讲道理的样子。有面子，下属比较讲道理，也就会处处求合理。

今日社会，个人主义流行，人与人之间缺乏感情的交流，各自孤立。追求物质更助长了这个问题的严重性。最有效的解药，便是珍惜人情、重视伦理。特别是职场生活，占据人们生活的三分之一以上，更应该采取关怀导向，以增进彼此的情谊。

人生最要紧的是生活，而生活最可贵的便是人情。人而无情，何以为人？可惜有许多领导者，认为上班时间工作第一，而且人情又是工作的重大障碍，因而主张工作导向，冷酷至极。我认为，关怀导向，攻下下属的心，才是领导的最高艺术。

小结

以关怀为导向的领导，主要原则是领导者不要一见面就马上谈工作，先给予适当的关怀，往往更有效果。领导者必须有效地打动被领导者的心，才能让被领导者乐于自动自发地工作。

思考

1. 权是有限度的，怎样才能防止滥用？

_____

_____

_____

_____

2. 不慎发火之后，你该怎么办？

_____

_____

_____

_____

3. 你认为，越权和失责哪一种情况更为严重？

_____

_____

_____

_____

12

领导人才的培养

领导人才的培育有两种方式，
一是顺成，一为逆诱，
要互补运用。

逆取顺守，顺取顺守，
是成功的领导；
逆取逆守，顺取逆守，
都是失败的根源。

无论顺取或逆取，
都要顺守。
顺守的领导者才能确保长久。

领导力并非与生俱来

不同性格的人，都可能成为优秀的领导者。因为领导力并不是天生的，乃是后天的修己和磨炼逐渐形成的。学识固然重要，经验也不可忽略。只学到一套理论，实际上用不出来；仅有一大堆经验，没有理论架构，也会自相矛盾，很难一以贯之。

最有效的领导者，是具有自然感应力的感人者，很容易和他人相处，而且会产生良好的感应。

感人者的表现，在于减少对团队的压力，保持沉默以让下属说出真心话，或在混乱时保持冷静，有时甚至要徘徊不定而延误决策。主要的象征，是下属的心被打动，产生向心和信心。这种攻心为上的领导，便是关怀导向，其效果优于以工作为导向的领导。换句话说，兼顾做人和做事，而且从做好人出发以求做好事，效力最强。其要点如图 12-1 所示。

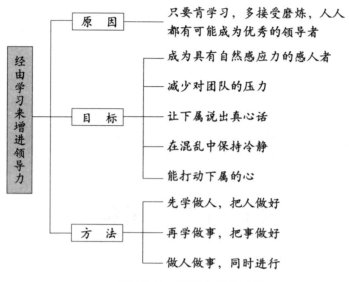

图12-1　领导力并非天生

前面说过，大家喜欢艺术而厌恶权术。但是古往今来，领导者之中，愈是才气深厚的，愈难摆脱对权术的运用。因为这些领导者太过自信，以致忘了"世间并无愚人"，经常把别人看成傻瓜，任意玩弄权术，最后害惨了自己。

其实，人的智愚彼此相差无几。有些人很快就看穿，有些人刚开始被蒙在鼓里，没有多久，也看穿了。骗人一时，或许还有可能；想长久欺骗，根本不可能。

领导者最好以公诚为原则，以合理做标准，先把人做好。不要重做事而轻做人，记住"不苦撑，不咬牙，终无安枕之日"的教训，务求艰苦卓绝，不计较毁誉荣辱，但求良心得安。劳苦忍辱，始终是领导者的座右铭，希望成为优秀的感人者，非具有这样的修养不可。

领导者的自然感应力，从修己而来。领导者的修己，包括丰富的学识、适度的自信、良好的人缘这三项因素，它们相互配合起来，成为做人做事的基础。人际关系良好、学识丰富而且具有合理的自信，才能够把人做好，也把事做好。最要紧的，是通过好好做人，来好好做事，人做不好，要想把事情做好，恐怕不容易。

领导者的能力，表现在判断力、表达力、创造力和协调力等方面，这四种能力综合起来构成领导力。判断要正确，表达要顺畅，创造要灵巧，协调要和谐，领导起来自然更为顺乎人心而又恰到好处。

领导者一方面具有相当的幽默感，另一方面又具有庄重的威严感，使下属在亲切之中产生自然的尊敬，这叫作恩威并济。能够做到恩重于威而又不影响目标的达成，应该是最为圆通的领导。

领导者最好具有自知之明，才能经常反省，时时修正，以求日新又新（如图12-2）；也才能够天天有进步，保证永不落伍。

自知之明，对领导者而言，可以说愈高位愈退化。当初一路顺利走上来的原因，最重要的莫过于常常提醒自己：要有自知之明，不要狂妄自大。如今位高权重，竟然自以为万全万能，愈来愈缺乏自知之明了。

领导者大多有过人的地方，但是务必提醒自己：不见得比所有的人都强，更不见得能够做好所有的事情。唯有抱着这种心态，才能够及时合理地发挥自知之明，尊重下属，尽量把空间礼让出来，让他们去发挥。

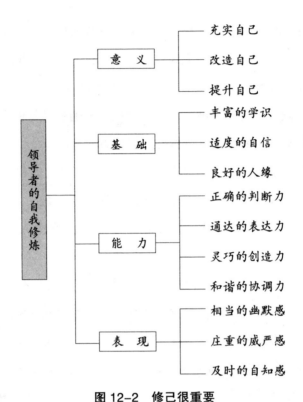

图 12-2　修己很重要

另外，身为领导者不要把所有的成就感都集中在自己身上，要分一些给别人。

小结

每一个人都不要自认为是天生的领导人才，这样符合事实也比较容易虚心向学。经由学习来增进领导力，先学做人，再学做事；最重要的是，通过做人来好好做事。

一切靠自我培育

修己只是修正自己。把自己修正得很好，不过是独善其身，发挥不出什么领导的效果。如果能够进一步发挥感应力，做到安人，便可以产生良好的自发性领导，也就是安人的具体表现。

企业全面照顾员工，员工得以身安心乐，没有不自动自发把工作做好的，于是达成自发领导的功能。人不能安，当然缺乏自动自发的意愿，领导者也就不可能产生自发领导的功能。

人的理想很多，追究起来，以"安"为根本。若是不得其安，什么利润、责任、荣誉，都将失去凭借，变得没有价值。领导者以"安"为目的，处处顾及下属的"安"，下属就会用合理的利润和绩效来回应。过分强调利润和绩效，徒然增加员工的压力，制造不安，反而对领导者不利。

从这个角度来看，领导是修己安人的过程（如图12-3）。

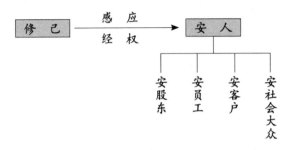

图 12-3　领导是修己安人的过程

以感应为力量，拿经权（持经达权）做原则，便可以用不变的修己安人来因应一切的变数，达到圆通的境界。安人主要包括安股东、安员工、安客户以及安社会大众。领导者每做一件事，如果能想一想：这么做，股东能安吗？员工能安吗？客户能安吗？社会大众能安吗？

如果这四个方面都有安的可能，当然可以做。如果有哪一个领域可能产生不安，最好能够设法调整。这个时候有所变有所不变的持经达权方法就用上了，可以帮助领导者做好合理的改变，并且变到好像没有变一样，以求其安。

既然领导力不是天生的，企业就应该注重领导人才的培育。事实上，员工也有意无意地以各种方式来掌握成为领导人才的机会。所谓自我培育，就是一方面充实、提升自己的能力，另一方面寻找机会，并且设法把自己捧上去。其方式主要有顺取和逆取两种。

有的人得到上级的赏识，上级主动提拔他，而他获得升职的机会，也谨慎小心，不敢大意，这种顺取顺守的自我培育方式，颇称顺利。顺取，指顺着组织的规章，获得上级的助力，顺着有利的情势往上走。顺守，则是被提拔上去之后，能够把分内工作做好，还能够令上级满意。

取守皆顺，当然是好事。有的人得不到上级主动的提拔，便想尽办法，用各种手段来引起上级的注意，上级不得不设法收服他，因而给他一些机会。这种逆取的人，如果明白得来不易，马上改变态度，小心翼翼，走上顺守的途径，便是浪子回头金不换。

最可怕的是，逆取逆守，根本守不住，终究要归于失败。最可怜的是，顺取逆守，得到上台的好机会，不知爱惜羽毛，弄得身败名裂，自取其辱。

自我培育的途径，首先要充实自己，让自己的本事高强，而且能够表现得令上级放心，使同事安心。自然获得上级的赏识而给予提拔，以顺取为上策。实在没有机会，要暂时忍耐，假想这是上级有意考验自己的耐性，将来会赋予更重要的职位。愈看情况愈不对，非逆取不可，也应该做到上级能够接受的地步，不要闹得不可收拾，徒然自毁前途。重要的是，无论顺取或逆取，一定要顺守（如图 12-4）。

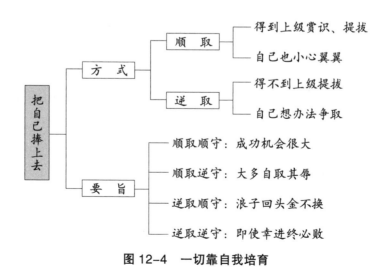

图 12-4 一切靠自我培育

◎ 小结

　　每个人都不能够从别人那里学习一套领导的艺术，因为每个人的性格和所处的环境不相同，就算学得惟妙惟肖也没有用。学习要用心，学后要深思，从而体会其中的道理，然后用自己的方式来表现，变成自己的一套。

育才也能制度化

领导者培养领导人才，有以下两种方式：

顺成式。例如，在提拔之前，给予适当的职业训练，让他先了解一些领导的原则和技巧，派任后再加以在职训练，让他从实际中体会和认知领导的艺术。通过不定期轮调，以达到多方面磨炼的效果。领导人才的育成，德行、专业、管理、常识以及体魄五方面都要并重。顺着委任和轮调，引导其走上圆通领导的道路。

顺成式的施行，是公开的，能够明说且大家都知道。有计划地培育领导人才，原本是应该做的事情。一方面为了组织的成长，一方面也基于新陈代谢的需要。

逆诱式。在顺成式培育之外，随机进行一些特殊的训练。例如，让他在困境中担当职务，故意劳其筋骨、饿其体肤，看看他是不是支撑得住、能够支持多久。也可以逐渐加重他的责任，增加其苦练的机会。逆诱式的训练，目的在于提高其抗御逆境伤害的能力，用以增强贫贱不能移的抗拒力。运用逆诱式的育才方式，最好不要明说才有实效。

逆诱式的施行，实际上比较困难。大多依不同情境设计，事前事后都不说明，目的在于以苦难来磨炼人才。经得起考验的，才委以重责；经不起考验的，下次再以其他形式看看其有没有长进。特别是要针对锋芒毕露、自大自负、轻率鲁莽这三大弊病，务须一磨再磨，才能使其成为良好的领导人才。

以上两种方式互相配合，有明有暗，以期培育出真正的好领导（如图12-5）。

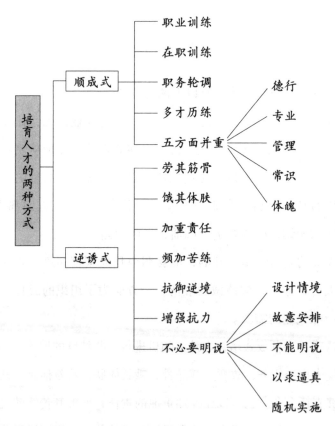

图12-5　培育人才的两种方式

育才的制度，可以视实际情况自行制定。我们可以参考日本的岩尾汽车修理公司所制定的"七年育成人才"制度：

第一年打杂，同时学习技能，培养工作兴趣。

第二年在无线电巡回服务车工作，在实际接触客户、了解客户中，培养应对能力及应有礼节。

第三、四年重回工厂修理汽车，精研技术，并真正踏入技师行列，成为正式的修理技师。

第五年担任柜台服务员，进一步提升为诊断师，解决客户的各种疑难问题，并针对客户的需要指示技师修理。

第六年调升为推销员，直接与顾客打交道。

第七年分类为管理、推销、技术人员。

七年培育期满，由全体员工投票选出各分店负责人，成为领导人才。选不上的，则继续培育，下一次仍有机会。其要点如图12-6所示。

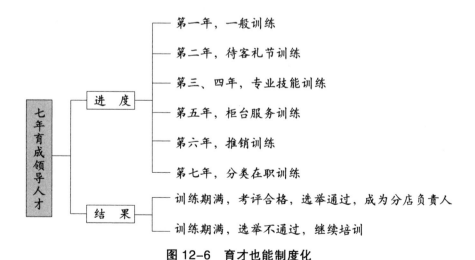

图12-6　育才也能制度化

现在领导人才培育的情况，是大多过分重视专业训练，而忽视对沟通、协调、领导、激励等能力的培育。很多领导者，在人情世故方面做得并不是很好，更谈不上圆通。

如今，由上到下普遍缺乏做人方面的修养，是领导人才十分欠缺的主要原因。居上位的人直来直往，而且不知道下属的心理和需求，也不能用苦难来磨炼下属，经常和下属格格不入，甚至彼此赌气，不能活用班底，也不能为下属留下一条生路。凡此种种，都显示出领导人才缺乏完整而有效培育的现状。往往尚未准备好，就走马上任，成为领导者，不是措手不及，便是走一步算一步，对组织的发展，增加了很大的风险性。身为组织负责人，最好设法对此情况加以改善。

小结

领导者最大的责任，其实是培育继任者，使事业得以生生不息，不致因为领导者的更替而导致组织的衰亡。将育才制度化，使继任者承接得宜，才能保证组织的长效发展。

思考

1.你是怎样经由学习来增进领导力的?

_____

_____

_____

_____

2.你如何自我培育?

_____

_____

_____

_____

3.根据实践经验,你认为如何做到育才制度化?

_____

_____

_____

_____

结束语

　　根据统计，美国企业的平均寿命只有七年。进一步研究这种生命短暂的主要原因，在于老板忽略领导者的领导能力，亦即误以为强有力的领导者才是真正有领导力的人。凡事最高领导一把抓，其他人的命运，便是自然衰退，连带着企业的寿命也跟着缩短。

　　我们很容易觉察，领导者如果一定要比下属强，他就会把那些富有进取心、能力高强，又负责尽职的下属视为心腹大患，势必除之而后心安。于是，由上而下逐级脆弱，企业的整体能力可想而知。一旦遭遇困难，立即惨被淘汰，关门大吉。

　　中国人不要领导者自己当孙悟空，却设法让下属去当孙悟空，便是针对此一缺失，呈现完全不同的领导气氛。领导者深藏不露，放手让下属充分去发挥，才能群策群力，产生总动员的效果。

从另一个角度来看，能力高强又锋芒毕露的下属，通常很不容易获得升迁的机会，我们一再提醒"先做好下属，才可能当好领导"，便是希望这些有能力的下属必须好好与自己的领导相处，才有机会晋升。

领导者极力当好领导，尽量支持下属。下属极力做好下属，尽量体谅领导。这样良好的有感有应，才能够真正达到圆通领导的境界。圆通是领导与下属双方面配合的成果，不是领导或下属单方面的成绩。

圆通领导，加上圆满沟通，如果再实施合理的激励，企业领导得宜，上下管道畅通，个个士气高昂，这才是中国式管理，大家愉快把工作做好的稳固基础。

领导的目的在用人。古语说："得人者兴，失人者亡。"领导得宜，便是得人，有人才而且人才乐于效力，一切当然兴旺。领导不得宜，便是失人，人才闻风而逃，不敢投入，误闯的人又急急离开，岂有不亡之理？

领导固然要有制度，但仅凭制度是不够的，同时还要有知人之明，能够拔擢精英，善于知遇人才。领导者缺乏知人之明，大多不能成功。用人不应该过度拘泥于制度，对其学历与经验斤斤计较。我国古代君王，只要赏识某人，便可以破格任用或升迁；现代领导者，恐怕无此气魄，反而批评古代君王人治重于法治，实在是自欺欺人。

成功的领导者，并不在于自身有没有特殊的天赋、超人的智慧、信众的多寡，而在于是否有容人的度量和用人的能力。特别是当今西风东渐，英雄主义盛行，使得很多领导者误以为项羽复活必然可以胜过刘邦，结果弄得自己紧张忙碌又辛苦劳碌，寿命大幅度缩短，还要到处传播经验，把其他领导者也带向危险的歧途。

　　我们衷心期望，领导者记取"钱要赚，性命要顾，留一些好名声供人打听"的教训，留得青山在，不怕没柴烧，千万不要为了赚钱而赔上宝贵的性命。"亲君子，远小人"，还要进一步让君子能够发挥所长，使领导者能够轻松愉快地进行总动员，才不致枉费担任领导者的机会。